G

10602

BIBLIOTHÈQUE

PORTATIVE

DES VOYAGES.

TOME VII.

CONDITIONS DE LA SOUSCRIPTION.

L'ouvrage sera publié en 12 *livraisons*, qui seront mises en vente de mois en mois, à dater du 15 *Mai* ; chaque livraison sera composée de 4 volumes ; la dernière seule en aura 5, et sera néanmoins du même prix que les précédentes.

Le prix de chaque livraison, pour les personnes qui souscriront avant le 1er *Juillet prochain*, est fixé, sur papier fin, à . . . 5 fr.

Papier d'Angoulême, Nom-de-Jésus. 8

Papier vélin satiné, fig. avant la lettre. 10

Papier vélin satiné , Nom-de-Jésus, figures avant la lettre 15

Passé le 1er Juillet, le prix pour les non-souscripteurs, sera, en papier fin. . 6

Papier d'Angoulême , Nom-de-Jésus. 10

Papier vélin satiné, ... 12

Papier vélin satiné, Nom-de-Jésus. 20

Il faut ajouter 1 fr. 50 c. au prix de chaque livraison pour recevoir l'ouvrage franc de port par la poste.

ON NE PAYE RIEN D'AVANCE.

DE L'IMPRIMERIE DE G. MUNIER. — AN VII.

BIBLIOTHÈQUE

PORTATIVE

DES VOYAGES,

TRADUITE DE L'ANGLAIS

Par MM. HENRY *et* BRETON.

TOME VII.

~~~~~~~~~~~

VOYAGE DE BRUCE.

TOME VII.

PARIS,

Chez M.me V.e PETIT, libraire, rue
Lée-Saint-André-des-Arcs, n.º 2.

1817.

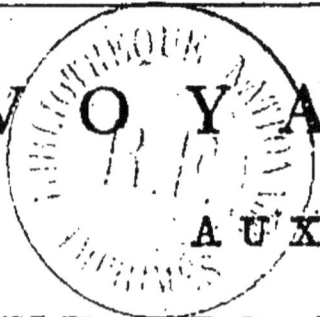

VOYAGE
AUX
SOURCES DU NIL.

SUITE
DU LIVRE SEPTIÈME

PENDANT que le roi étoit sur les
bords du Kahha, il reçut une visite moins intéressante, mais plus
extraordinaire que celle du prince
de Shoa. Gangoul, chef des Gallas
orientaux, vint lui présenter ses
hommages. Il étoit accompagné de
quarante cavaliers et de cinq cents
hommes à pied ; et il apportoit un

Tome VII.   A

grand nombre de cornes pour cha-
rier le vin du roi. Gangoul étoit
petit, maigre, contrefait, et ne
paroissoit ni vigoureux ni agile.
Il n'étoit ni très-noir, ni très-
brun, mais il avoit une couleur
jaune et livide, qui sembloit annoncer une mauvaise santé. Ses
cheveux étoient fort longs et entre-
lacés de boyaux de bœuf. Les
singulières tresses, que formoit
ce mélange, lui tomboient, la moitié
sur les épaules, et la moitié sur
l'estomac. Il avoit, en outre, un
boyau autour du cou. Sa ceinture
étoit aussi de boyaux, et par-dessous
pendoit un morceau de toile de
coton, impregné de beurre. Son
visage et tout son corps en étoient
oints également.

Gangoul paroissoit âgé d'une cinquantaine d'années. Une extrême confiance, une insolente supériorité se traçoit sur sa figure. Chez les Gallas, un chef monte sur une vache, dans les jours de cérémonie. Aussi, lorsque Gangoul se présenta devant le roi, il en montoit une, qui, bien qu'elle ne fût pas très-grosse, avoit les cornes d'une prodigieuse longueur. Il portoit une espèce de caleçon, qui, à peine, lui venoit à la moitié de la cuisse; et il avoit les genoux, les jambes, les pieds, et le reste du corps, tout nus. Le bouclier de Gangoul étoit un simple cuir de bœuf, raccorni par la chaleur. Sa lance étoit courte, et garnie d'un bout de fer mal façonné; mais le manche,

A 2

qui sembloit être d'aubépine, n'avoit aucune espèce d'ornement. Le chef Galla se tenoit extrêmement penché en arrière, sur sa monture, et il n'avoit point de selle. Il avançoit le ventre et le voit les bras, dont le gauche portoit son bouclier, et le droit sa lance, de manière qu'on eût dit qu'il avoit deux ailes.

Le roi étoit assis dans le milieu de sa tente, sur son trône d'ivoire, pour recevoir Gangoul. Il faisoit extrêmement chaud, et avant qu'on aperçût le sale prince, une odeur infecte annonça son arrivée. Le roi, le voyant paroître, fut si frappé de sa bizarre figure, qu'il se sentit une envie de rire, immodérée. Ne pouvant se contraindre, il se leva tout-à-coup, et courut dans une pièce voisine.

Le sauvage descendit de dessus sa vache, à la porte de la tente. Voyant le trône vide, et croyant que c'étoit un siége qu'on lui avoit préparé, il s'assit sur le coussin de damas cramoisi, et le couvrit du beurre dont il étoit oint. Aussitôt tous ceux qui étoient dans la [t]ente, jetèrent un grand cri. Le [roi] alla se leva, sans savoir pour[q]uoi l'on crioit; et avant qu'il eût [l]e temps de se reconnoître, on le [p]oussa vers la porte, où il demeura [a]vec une espèce d'étonnement fa[r]ouche. En Abyssinie, s'asseoir sur [l]e siége du roi, est un crime de [h]aute-trahison, qu'on punit de [m]ort à l'instant. Mais le pauvre

Gangoul fut redevable de la vie à son ignorance. Le roi, pendant toute cette scène, s'étoit tenu derrière un rideau. S'il rit au commencement, il rit bien davantage, quand il fut témoin de la catastrophe, et il revint en riant encore, et ne pouvant prononcer une parole.

Gangoul avoit commis les barbaries les plus atroces dans son voyage. Il avoit dévasté les villages et égorgé les habitans, qui ne s'étoient pas empressés à lui fournir des provisions. En s'en retournant, il suivit le chemin par lequel il étoit venu, et commit plus d'horreurs encore. Le Ras Michaël sachant que ce misérable étoit d'accord avec les rebelles, fit par-

tir secrettement Ayto Confu, à
la tête de six cents cavaliers. Ayto
Confu poursuivit Gangoul avec la
plus grande célérité, et l'atteignit
dans le Lasta. Le Galla fit très-
peu de résistance. Il fut taillé en
pièces avec les gens de sa suite;
et ceux de ses soldats qui s'échap-
pèrent, furent bientôt exterminés
par les habitans des campagnes voi-
sines.

On vient de dire que Gangoul
avoit apporté en présent, au
roi d'Abyssinie, une quantité
considérable de grandes cornes
de bœuf. L'animal qui fournit
ces cornes véritablement mons-
trueuses, ne seroit regardé, en
Angleterre, que comme d'une
moyenne grandeur. A proportion

de son corps, sa tête et son cou
sont très-gros, mais non pas excessivement. M. Bruce a souvent
entendu dire, en Abyssinie, que
c'étoit des environs de la ligne, de
ces contrées où il pleut sans cesse,
et où le soleil se montre rarement,
que les Gallas avoient, les premiers
amené cet animal. La grandeur
extraordinaire de ses cornes, est
l'effet d'une maladie, qui fait périr
beaucoup de bétail, et qui pro-
vient, sans doute, du climat et de
la qualité des herbes.

Toutes les fois qu'un taureau,
ou qu'une vache, laisse apercevoir
quelques symptômes de cette maladie, on met l'animal à part, dans
les pâturages les plus gras; et l'on
cesse de le faire marcher, ou de le

fatiguer. Son prix ne consiste plus que dans ses cornes ; car à mesure qu'elles croissent, le corps languit et se dessèche. Quand la maladie est à son dernier période, la tête grossit tellement que l'animal ne peut presque plus la lever. Ensuite, les jointures du cou deviennent calleuses, et cessent d'avoir du mouvement. Alors l'animal meurt, n'ayant plus aucune chair sur les os : mais on est dédommagé de sa perte par ses cornes. Les Gallas qui en font un grand débit, n'attendent pas ordinairement qu'elles aient acquis tout l'accroissement dont elles seroient susceptibles. Lorsqu'ils voient qu'elles peuvent contenir vingt à vingt-quatre pintes, ils tuent l'animal. Une femme

peut porter commodément sur ses
épaules, deux de ces cornes rem-
plies de vin, ou d'eau-de-vie. Quelquefois, on les vend quatre onces
d'or la paire, ce qui équivaut à
dix livres sterling.

Le 17 janvier, on vit arriver à
Gondar des envoyés de Fasil, toujours porteurs de paroles de paix
et de soumission, et renouvelant
la demande de Welleta Selassé.
Fasil souhaitoit de la prendre pour
femme; mais il vouloit qu'on la
lui envoyât jusqu'à Dingleber, où
il se proposoit d'aller la recevoir;
et il s'excusoit de ne pas venir jusqu'à Gondar, parce que le Ras
avoit déja manqué à sa promesse.

Cependant l'armée des rebelles

s'approchoit de toutes parts. Le 31
mai 1771, Michaël sortit de la
pitale, emmenant avec lui, le
roi, l'Abuna, Ozoro Esther, Ozoro
Altash, sœur d'Esther, et toutes
les autres dames de la cour, en
possession des grands fiefs de la
couronne. L'armée royale étoit,
dit-on, composée de vingt mille
usiliers tigréens, sans contredit,
es meilleurs soldats de l'empire
ix mille d'entr'eux étoient armés
e fusils, dont la platine étoit à
èche, et qu'ils manioient avec
eaucoup d'adresse. Les fantassins,
ui s'étoient joints aux Tigréens,
epuis le passage du Tacazzé,
toient au nombre d'environ dix
iille. Il y avoit, en outre, deux
ille hommes de la maison du roi,

dont cinq cents étoient à cheval ;
et parmi ces cavaliers, on distinguoit
les noirs , ou les Koccobs , qui
étoient environ deux cents, tous revêtus de cottes de maille , et portant sur la tête , un casque de cui-
vre, ombragé d'une queue de cheval, noire et flottante. Les officiers
de cette troupe sont distingués par
des touffes de crins , peints en
jaune, et entremêlés avec les crins
noirs de leur casque , sur le devant
duquel est une étoile d'argent, ou
de métal blanc. Au-dessous il y
a une espèce de filet de fer ; fait comme celui d'une cotte de mailles, mais
plus léger. Ce filet pend jusqu'au
nez ; et sert de visière. C'est de
toute l'armure , la pièce la plus in-
commode. Elle est pesante, chaude ;
et

et pour peu qu'on se remue, elle-
écorche continuellement le nez et
les joues. M. Bruce, qui étoit dans
cette troupe, prit le parti de sub-
stituer au filet, de la soie noire,
qui d'ailleurs, déroboit mieux sa
couleur. Les armes des cavaliers
Koccobs, sont la hache et la lance.

Cependant les deux armées ne
devoient combattre qu'à Serbraxos.
Les habitans du Begemder avoient
une prophétie, qui disoit qu'un
de leurs gouverneurs combattroit
un roi d'Abyssinie dans ce lieu,
qu'il le vaincroit et le tueroit. Ils
ajoutoient que ce roi auroit pour
successeur, un prince nommé Théo-
dore, sous qui toute l'Abyssinie seroit
exempte de guerre, de famine et
de toute autre espèce de fléau; que

Tome VII. B

les Gallas , les Shangallas , les
mahométans seroient exterminés ;
et que l'empire d'Abyssinie s'éten-
droit jusqu'aux portes de Jérusalem.
« Quoi ! » dit M. Bruce à Ozoro Esther qui lui racontoit cette prédic-
tion, « ces conquêtes s'opèreront sans
« guerre! cela sera, en vérité curieux!
« mais pourquoi Michaël veut-il
« choisir Serbraxos (1) pour champ
« de bataille? » — « Bon ! » dit Esther,
« tous les hermites, tous les saints qui
« savent prophétiser , lui ont an-
« noncé que ce mois-ci , il vaincroit
« les rebelles dans ce lieu. » Notre
voyageur demanda une autre fois
à l'épouse du Ras, si l'archange Michel avoit encore apparu à son mari.

(1) Serbraxos est une abréviation de
Serba Christos , la croix du Christ.

Cette princesse lui répondit : « Chut !
« au nom de Dieu, gardez-vous
« d'en faire un jeu ! la moindre plai-
« santerie sur cela, vous priveroit à
« jamais de la faveur de Michaël.»

En conséquence de ces prédic-
tions, il y eut trois batailles à Serbraxos. La victoire, à la première,
se déclara pour le roi. Le lendemain,
il arriva, dans la nuit un accident, qui faillit occasionner une révolution. Le Ras Michaël s'étoit
couché, suivant sa coutume, un
peu avant onze heures. Une lampe
brûloit toujours dans sa tente ; car
il craignoit les *esprits*. A l'instant
où il commençoit à s'endormir, il
sent le bras d'un homme. Il s'é-
veille, saisit ce bras avec force, et
appelle ses serviteurs, à grands cris.

Les premiers qui accoururent renversèrent la lampe et l'éteignirent. L'homme que tenoit Michaël se seroit alors évadé, si ceux qui étoient derrière lui, ne l'avoient atteint, et n'avoient tâché de le jeter à terre tandis qu'il s'étoit embarrassé dans les cordes de la tente. Le premier qui retint l'inconnu, fut Lacéa Mariam, jeune homme très-aimé du Ras, et né d'une des familles les plus distinguées du Tigré. L'obscurité l'empêchant de voir le danger qu'il couroit, Lacéa reçut un coup de couteau dans le sein et tomba roide mort. Une foule d'autres gens du Ras s'assurèrent aussitôt de la personne de l'assassin. Ce scélérat étoit d'une nation barbare du Guaragué pays situé près du Shoa, et au sud-est du Gojam. Ceux de cette nation sont troglodytes, et très-adonnés au vol. Ils suivent continuellement les armées Abyssiniennes, pour dérober des chevaux, des mulets et tout ce qu'ils rencontrent; et ils commettent ces vols d'une manière fort singulière.

Ils se coupent les cheveux très-court. Ils vont tout nus, et se frottent de la tête aux pieds, avec du beurre, ou quelque autre graisse. Ils attachent à leur bras, un long couteau à deux tranchans et fort pointu, dont le manche vient dans la paume de la main. La lame de ce couteau dépasse le coude de quatre pouces au moins. Quand le bras est étendu, cette lame ne peut faire aucun mal, mais quand il

est plié, le bout reste saillant. Les
Guaragués, ainsi armés, se char-
gent d'un fagot de légers brancha-
ges. Ils se l'attachent au milieu
du corps, avec une liane, et de
manière qu'il puisse bien cacher
leur dos. Ensuite ils plient leur
jambes, et se couchent du côté du
camp, où ils ont envie de voler;
puis ils se traînent, en rampant,
quand il fait nuit, et ils s'arrêtent
toujours dès qu'ils entendent le
moindre bruit près d'eux. Si par
hasard, ils s'aperçoivent qu'on
les a découverts, ils lâchent la
liane qui tient le fagot, et ils se
sauvent. Si on les empoigne, la
graisse dont tout leur corps est
enduit, fait qu'ils glissent aisément
sous la main. Si on les saisit à

brasse-corps , ce qui semble être le seul moyen de les arrêter , ils plient le bras , frappent de leur couteau, et blessent mortellement , comme l'éprouva malheureusement Lacéa Mariam.

L'assassin ne fut pas plutôt arrêté et désarmé , qu'on lui passa un nœud coulant autour du cou. On lui garrotta les mains derrière le dos, et on le conduisit devant le Ras Michaël ; mais il varia dans ses déclarations et l'on ne put rien en tirer de positif. M. Bruce croit cependant que ce furent les rebelles qui armèrent le bras du Guaragué. Cet homme, le lendemain matin , fut trouvé étranglé avec la corde qu'on lui avoit laissée au cou.

La première bataille de Serbraxos avoit eu lieu le 16 mai 1771; et
quatre jours après, les armées enne-
mies en vinrent encore aux mains.
L'action fut très-vive, le roi courut
le plus grand danger, et montra beaucoup d'intrépidité. La victoire fut
long-temps indécise, et cependant
à la fin elle se déclara pour le monarque.

Ce prince, à peine avoit eu le
temps de se laver, de changer de
vêtemens et de dîner, qu'il reçut
un présent de fruits du Ras Michaël,
avec mille onces d'or. Ensuite
commença la plus bizarre des cé-
rémonies. Tous les possesseurs des
fiefs de l'empire, tant les femmes
que les hommes, sont obligés de
fournir au roi, un certain nombre

de cavaliers et de gens de pied.
Rarement on exigeoit autrefois que
les dames vinssent elles-mêmes à
l'armée : mais le Ras Michaël en
fit une loi constante, afin qu'Ozoro
Esther, qui l'accompagnoit lui-
même, pût toujours avoir une
cour. Le soir d'un jour de bataille,
chaque chef s'assied à la porte de
sa tente ; et ceux de ses soldats qui
ont tué des ennemis, se présen-
tent devant lui, l'un après l'autre,
armés comme à l'instant du combat, et portant sur le poignet de
la main droite, le prépuce (1)
sanglant de l'ennemi qu'ils ont
immolé. Le premier qui s'avance
brandit en même-temps sa lance

(1) Etc.

vers son maître, ou sa maîtresse,
comme s'il étoit prêt à frapper, et
il répète, avec une sorte de rage,
ces paroles extravagantes, dont
la formule ne varie jamais : « Je
« suis un tel, fils d'un tel. Je suis le
« cavalier qui monte le cheval
« brun. J'ai sauvé la vie à votre père,
« dans telle bataille. Où en seriez-
« vous aujourd'hui, si je n'avois
« pas combattu pour vous ? Vous
« ne m'encouragez point. Vous ne
« me donnez point d'habits, point
« d'argent. Vous ne méritez pas un
« serviteur tel que moi. » En achevant ces mots, le guerrier jette aux
pieds de son chef, les dépouilles
sanglantes qu'il tient sur son poignet. Celui qui vient ensuite, répète les mêmes paroles, qu'il ac-

compagne des mêmes gestes. Tous
les vainqueurs arrivent aussi à la
file ; et si quelqu'un d'entr'eux a tué
plusieurs ennemis, il revient tout
autant de fois qu'il a remporté de
dépouilles.

Le jour de la seconde bataille de
erbraxos, on n'entassa pas moins
quatre cents de ces dégoûtans
ophées, aux pieds d'Ozoro Esther.
étoit horrible de voir la jeune et
elle Tecla Mariam présider à cette
fâme cérémonie. Cependant l'em-
ire de la coutume est tel, que
ette jeune personne fut extrême-
ent surprise de ce que M. Bruce
i s'étoit signalé dans cette jour-
ée, ne fût pas venu lui payer
part du tribut, et bien plus en-
re, de ce qu'en cette occasion, il

ne voulut pas être témoin de son triomphe.

Pendant que dure une telle scène, les chefs se tiennent la tête couverte, parce que leurs vassaux sont devant eux. On ne peut voir absolument que leurs yeux. Ce n'est point par effet de leur modestie, qu'ils se voilent ainsi, c'est par esprit de supériorité ; car dans ces contrées, on attache une grande importance à l'usage de se couvrir, ou de se découvrir la tête.

Quand les vainqueurs ont tous défilé, chacun revient reprendre la dépouille qu'il a déposée aux pieds de son maître, et il l'emporte pour l'arranger avec le même soin que les sauvages arrangent les péricrânes qu'ils ont enlevés

enlevés aux ennemis. Quand on est de retour à Gondar, le roi passe l'armée en revue ; chaque soldat jette aux pieds du monarque, les dépouilles qu'il a ; et on les laisse en tas aux portes du palais.

« Lorsqu'après la seconde bataille de Serbraxos, » dit M. Bruce, « l'armée fut rentrée dans le camp, « tout le monde eut accès dans la « tente du roi. Ne voulant point traverser la foule, j'allai par le retranchement de la tente, où couchoit « le monarque, et je vins me placer « derrière son siége. Aussitôt qu'il « m'aperçut, il me dit avec un « air de bienveillance : « Je ne vous « ai point fait chercher, ni je n'ai « point fait demander de vos nouvelles, parce que j'ai pensé que

Tome VII. C

« vous étiez occupé auprès de ceux
« de vos amis, qui ont été blessés ;
« d'ailleurs, vous l'avez été vous-
« même. Comment vous trouvez-
« vous ? « Sire , » lui répondis je ,
« je n'ai reçu aucune blessure. Quoi-
« que souvent en péril , j'ai eu le
« bonheur de n'avoir d'autre mal
« qu'une excessive fatigue , occa-
« sionnée par la chaleur et par le
« poids de ma cotte. Je n'ai même
« éprouvé d'autre perte que celle
« d'un de mes chevaux , tué sous
« mon lieutenant Ammonios. »

« Prenant ensuite un étendart
« rouge qu'un de mes domestiques
« tenoit plié derrière moi , je m'a-
« vançai et le posai sur le tapis
« étendu aux pieds du monarque ,
« en lui disant : « Puissent tomber

« tous les ennemis de votre ma-
« jesté, comme le rebelle qui por-
« toit cet étendart, est tombé au-
« jourd'hui. » A la vue de l'éten-
« dart, tout le monde se mit à
« parler confusément, et le roi s'é-
« cria : « Est-il tombé dans vos
« mains, Yagoubé? l'avez-vous
« trouvé entre les mains d'un autre?
« ou avez-vous tué celui qui le por-
« toit ? » — « Sire, » répondis-je,
« je n'ai point eu le bonheur de
« rencontrer celui à qui appartenoit
« cet étendart, et je ne l'ai point
« tué. Je pense qu'il l'a été, par la
« mousqueterie de Guebra Mascal.
« Un soldat a ramassé l'étendart
« sur le champ de bataille, et il est
« venu me le remettre, sous pro-
« messe de récompense. Mais, je

« le répète, c'est à Guebra Mascal
« qu'est dû. l'honneur d'avoir im-
« molé celui qui le portoit. Je lui
« rends cette justice ; et je suis
« d'autant plus jaloux de le faire,
« que c'est dans votre armée, le
« seul homme qui ait de la mal-
« veillance pour moi, et qui se soit
« montré mon ennemi, sans que je
« sache pour quelle raison. A Dieu
« ne plaise que ce soit un motif de
« ne pas rendre hommage à la vé-
« rité ! le sort a voulu aujourd'hui,
« que je fusse continuellement près
« de Guebra Mascal ; et je puis dire
« avec certitude, que c'est à sa va-
« leur et à son activité, que tous
« ceux qui combattoient à votre
« aîle gauche, ont dû leur salut,
« la liberté, ou la vie. » -- Le

« secrétaire du roi, Tecla Mariam,
« qui se tenoit debout à côté du
« monarque, dit alors: « C'est un
« malheur et une honte pour sa
« famille, si après les témoignages
« que vous venez de lui rendre,
« Guebra Mascal est encore votre
« ennemi. »

« Cependant un bruit extraor-
« dinaire se faisoit entendre dans la
« foule ; et, poussé par son génie,
« inquiet, Guebra Mascal parut
« devant le trône, avec sa peau de
« chèvre sur l'épaule, et tout cou-
« vert de sueur et de poussière,
« comme à l'instant du combat. Il
« se jeta le visage contre terre, se
« releva avec précipitation, et pro-
« nonça ces mots, avec la plus
« grande violence, ou plutôt en

« mugissant : « Yagoubé vient de
« raconter un mensonge. Il ne dit
« point la vérité. Je n'ai point au-
« jourd'hui voulu lui faire du mal,
« mais du bien. (1) Il n'entend point
« mon langage, je ne dis point qu'il
« ne soit pas un aussi brave homme
« que plusieurs d'entre nous; mais
« encore une fois, il vient de men-
« tir, et je le prouverai.»

« Un silence profond suivit cette
« extravagance. Le roi répondit
« avec beaucoup de gravité : « Si

_____

(1) Dans un moment périlleux, pendant l'action, Guebra Mascal avoit passé
devant M. Bruce, et lui avoit dit : «Ya-
« goubé, maintenant restez ferme, si
« vous êtes un homme. » M. Bruce crut
que c'étoit une insulte que lui faisoit
l'Abyssin.

« ce que Yagoubé a dit est un men-
« songe, j'en suis fâché par rapport
« à vous ; pour moi, j'avois déja le
« tort de le croire vrai. » Guebra
« Mascal alloit encore empirer le
« mal, par quelque nouvelle ab-
« surdité, quand plusieurs de ses
« amis, le conduisirent derrière le
« trône, et le firent entrer, non
« sans beaucoup de résistance, dans
« un autre appartement. Tout le
« monde pensoit qu'il étoit ivre,
« et quelques personnes le disoient
« hautement. Le roi gardoit le si-
« lence, et paroissoit extrêmement
« mécontent. Je me prosternai alors
« devant lui, ce qui est d'usage,
« quand on demande à être entendu
« pour quelque cause particulière ;
« puis me relevant, je lui dis : Sire,

« permettez-moi de vous assurer
« que je ne pense point que Guebra
« Mascal soit ivre, comme quelques
« personnes viennent de le dire.
« Nous avons tous, mangé, bu, et
« changé de vêtement, depuis que
« nous sommes revenus du combat;
« et Guebra Mascal seul, lui qui a
« été sur pied depuis cinq heures
« du matin, et qui a combattu tout
« le jour, n'a peut-être encore
« ni mangé, ni bu. Il n'a pris soin
« que de ses blessés, et il s'est pré-
« senté devant vous, comme il
« étoit en sortant du champ de ba-
« taille, et plein de l'injuste soupçon
« que je voulois lui nuire. » En ce
« moment, on vint me prier de
« passer dans l'appartement voi-
« sin.

« Le roi, devinant la raison pour
« laquelle on m'appeloit, dit : « Non,
« il n'ira point trouver Guebra
« Mascal ; je ne le souffrirai pas.
« Allez et chargez un des esclaves
« qui sont auprès du Ras, de lui
« dire de faire appeler son neveu,
« et qu'il lui demande ce qui signi-
« fient ses brutalités. »

« En cet instant, entra Kefla
« Yasous, avec la main gauche en
« écharpe, et une grande feuille,
« semblable à une feuille de platane,
« appliquée sur le front. Après qu'il
« se fût prosterné devant le trône,
« je lui demandai s'il vouloit sortir
« pour que je pansasse ses blessures.
« Il y consentit ; et le roi lui dit :
« Oui, allez, et demandez à Guebra
« Mascal, pourquoi il cherche que-

« relle à ses meilleurs amis , et pour-
« quoi lui-même il m'empêche de
« le récompenser ? » Je sortis avec
« Kefla Yasous , et desirant de tout
« mon cœur, que l'affaire ne parvînt
« pas aux oreilles du Ras. Nous trou-
« vâmes Guébra Mascal plongé dans
« la douleur et le désespoir.

« Toute l'histoire fut racontée à
« Kefla Yasous , qui se condui-
« sit de la manière la plus judi-
« cieuse. Il dit: « qu'il avoit été long-
« temps dans sa tente, mais qu'il ve-
« noit d'entrer chez le roi, pour don-
« ner à Guebra Mascal les justes
« louanges qu'il méritoit; et que
» cet officier étoit heureux que
« moi, qui avois été continuellement
« à portée de le voir , je lui eusse
« rendu justice d'une manière si

« généreuse et si noble. » En même
« temps, il ajouta : « qu'il ne pou-
« voit pourtant s'empêcher de dire
« que la querelle avec Yagoubé,
« les propos insultans tenus en pré-
« sence du monarque, la manière
« imprudente avec laquelle Guebra
« Mascal étoit venu interrompre
« une conversation tenue devant
« le prince, et contredire lui-même
« les éloges qu'on lui donnoit,
« montroient en lui un esprit dé-
« rangé, et qui se conduisoit par
« des motifs indignes, qui, s'ils
« étoient connus, le perdroient iné-
« vitablement, et auprès du roi et
« auprès du Ras, malheur qu'il
« avoit déja failli d'éprouver.

« Guebra Mascal, pleurant alors
« comme un enfant, avoua que les

« deux autres fois qu'il m'avoit
« cherché querelle, il y avoit été
« porté par sa malice ; mais en même
« temps il jura que sur le champ
« de bataille, il n'avoit eu d'autre
« intention que de me sauver, si
« l'occasion s'en étoit présentée. »
« — « Guebra Mascal a raison, »
« répondis - je, en m'adressant à
« Kefla Yasous, « je n'ai pas bien
« compris ce qu'il me disoit, parce
« qu'il me parloit dans la langue
« du Tigré, et parce qu'il bégaye
« beaucoup. J'avoue que c'est à lui
« que j'ai l'obligation d'avoir joint
« le roi. Je suis un étranger, je peux
« errer ; mais c'est pour cela même
« que j'ai droit à l'indulgence et à
« la protection de vous tous. Je suis
« en outre, l'étranger du roi ; et à
« ce

« ce titre , je mérite encore mieux
« de vous, tant que je me conduirai
« bien envers tout le monde. Je n'ai
« jamais parlé de Guebra Mascal ,
« que pour le louer , et en cela ,
« je n'ai fait que lui rendre jus-
« tice.

« Alors tout alla comme je pou-
« vois le desirer. Guebra Mascal et
« moi, nous nous jurâmes une éter-
« nelle amitié, dont Kefla Yasous
« se rendit garant. Pendant ce temps-
« là, je pansois les blessures de ce
« général ; et quand j'eus bandé
« sa tête, il rentra dans la salle du
« trône. Pour moi, ayant le corps
« fatigué, l'esprit abattu, et mau-
« dissant l'heure où j'avois mis le
« pied dans ces barbares contrées,
« je regrettois presque de n'avoir

« pas fini mes jours sur le champ
« de bataille , à Serbraxos.

« Le lendemain , vers les onze
« heures du matin, le Ras m'en-
« voya chercher ; et comme je crus
« que c'étoit pour l'affaire de Gue-
« bra Mascal , je n'allai le trouver
« qu'avec répugnance. Je vis bien
« que je ne m'étois point trompé,
« dès que j'aperçus Guebra Mascal
« lui-même, qui attendoit devant
« la tente , avec plusieurs de ses
« amis. On nous fit entrer tous
« deux. Le Ras s'entretenoit à voix
« basse, avec deux prêtres , dont
« l'habillement sembloit annoncer
« qu'ils arrivoient de Gondar. Mi-
« chaël ne fit pas beaucoup de cé-
« rémonie avec nous. Il se contenta
« de faire un signe de tête, et de

« nous demander dans la langue
« du Tigré , comment nous nous
« portions.   Cependant , trois ou
« quatre esclaves apportèrent des
« vêtemens neufs , d'une très-belle
« toile de coton; et ils nous en re-
« vêtirent. Puis le Ras faisant un
« nouveau signe de tête , plusieurs
« officiers , plusieurs prêtres , et
« beaucoup d'autres personnes nous
« menèrent chez le roi. Le Ras ne
« nous avoit presque pas parlé ; et je
« ne savois trop comment tout cela
« finiroit.

« Après un moment d'attente ,
« nous fûmes introduits. Les juges,
« quelques prêtres et mon ami , le
« secrétaire du roi , environnoient
« le prince, qui étoit assis dans le
« milieu de la tente. Le secrétaire

« tenoit quelque chose sur ses ge-
« noux;et dès queGuebra Mascal s'a-
« genouilla pour se prosterner, il lui
« noua autour de la tête un bandeau
« blanc, de la largeur d'un ruban
« ordinaire, sur lequel la devise sui-
« vante étoit écrite, avec de l'encre
« noire et de l'encre rouge : — « *Le*
« *lion de la tribu de Juda et de*
« *la race de Salomon a triomphé.* »
« Cela fait, le secrétaire déclara
« que le roi donnoit à Guebra
« Mascal,en fief et à perpétuité,trois
« villages du Dembea, dont il dit
« les noms ; et ensuite l'investi-
« ture fut proclamée au son des tim-
« ballés, devant la tente du mo-
« narque. Le roi donna de plus
« à Guebra Mascal, un couteau à
« manche d'or ; après quoi cet

« officier baisa la terre et se leva.

« C'étoit alors mon tour de me
« prosterner devant le roi. Le prince
« tenoit une grande chaîne d'or à
« gros chaînons, et la mettant en
« double, il me la passa lui-même
« autour du cou, tandis que le se-
« crétaire prononçoit ces paroles :
« Yagoubé, le roi vous fait cet
« honneur, pour que vous le re-
« gardiez, non comme un prix des
« services que vous lui avez rendus,
« mais comme un garant qu'il vous
« récompensera, si vous lui en four-
« nissez l'occasion. » Aussitôt je bai-
« sai la terre ; et Guebra Mascal et
« moi, nous fûmes reconduits chez
« Michaël, avec les marques de dis-
« tinction dont nous étions honorés.
« Nous nous prosternâmes devant

« le Ras , nous lui baisâmes les
« mains, et nous nous retirâmes.
« Michaël paroissoit très - occupé
« avec des gens qui venoient d'ar-
« river aussi. Il ne fit que lever les
« yeux sur nous ; il sourit et nous
« dit : Fort bien ! êtes-vous amis à
« présent? -- Nous nous inclinâmes
« tous deux, et nous sortîmes.

« La chaîne que m'avoit donné
« le roi, consistoit en cent quatre-
« vingt-quatre chaînons, chacun du
« poids de trois *dwts* et demi d'or
« très-fin. Ce fut avec une extrême
« répugnance qu'à mon retour d'A-
« byssinie, me trouvant manquer
« de tout , dans le Sennaar , je
« vendis une partie de cette hono-
« rable marque de distinction. Le
« reste est encore dans mes mains ;

« et j'espère que mes héritiers ne se
« trouvant pas dans le cas où je
« me suis trouvé, il ne sera pas
« diminué davantage. »

Le 23 mai, la troisième bataille
de Serbraxos eut lieu, et fut très-
peu décisive aussi.

Le 24 mai, Gusho, dont toute la
famille étoit attaquée de la fièvre,
pria le roi, par un message de lui
envoyer M. Bruce. Celui-ci, qui
avoit été blessé, dans le dernier
combat, ne put y aller que le 25.
« En arrivant près de la tente de
« Gusho, « dit-il; » je descendis de
« dessus ma mule; et d'après ce que
« le roi m'avoit recommandé, je
« me découvris jusqu'au-dessous de
« la poitrine, ce qui annonçoit que
je portois des ordres du monarque.

« Quatre hommes vinrent alors au-
« devant de moi ; et me prenant,
« deux par chaque bras, ils m'in-
« troduisirent dans la tente et me
« conduisirent à Gusho. Ce général
« étoit assis sur une espèce de lit,
« couvert d'un tapis d'écarlate,
« garni d'une crépine en or. Dès
« que je fus auprès de lui, je
« prononçai ces mots: « Ecoutez ce
« que le roi vous dit. » A l'instant
« il se leva ; et se dépouillant jusqu'à
« la ceinture, il baissa son front jus-
« qu'au tapis qui étoit sur le lit :
« mais il ne se prosterna point la
« face contre le tapis de Perse, éten-
« du à terre. Il resta ensuite de-
« bout, comme son devoir l'exigeoit.
« Son orgueil et la nouvelle indé-
« pendance qu'il s'étoit arrogée,

« furent cause qu'il se dispensa des
« autres formalités.

« Voyant qu'il m'écoutoit atten-
« tivement, je continuai : « Le roi
« m'a chargé de vous dire, et je
« vous déclare d'après mes connois-
« sances en médecine, que la fièvre
« qui attaque votre camp, devien-
« dra bientôt mortelle, et comme
« les pluies augmentent, vous mour-
« rez. Ainsi, dans l'état de rébel-
« lion, où vous êtes, Dieu sait ce
« qui vous arrivera après votre
« mort. Mais le roi souhaite que
« pour conserver votre santé, vous
« vous en retourniez dans l'Amhara,
« emmenant avec vous Powussen
« et tous vos amis, qui sont
« déja malades. Le plutôt sera le
« mieux, car il tarde au roi d'être

« délivré de vous et des vôtres. »

« J'avoue que j'eus beaucoup de
« peine à conserver ma gravité,
« pendant cette harangue. Gusho
« fut comme moi ; et dès que j'eus
« parlé, il lui échappa un grand
« éclat de rire. « Ah ! ah ! Yagoubé, »
« dit-il, « je vois que vous êtes
« encore le vieux homme : mais
« dites de ma part au roi, que si
« je faisois ce que vous demandez,
« ce seroit alors que j'aurois peur
« de mourir, et que je serois re-
« belle à mon devoir. Assurez le
« roi, que je veux lui rendre un
« meilleur service. Si je me reti-
« rois chez-moi, et que je laissasse
« Michaël tranquillement près du
« monarque, je déclare, moi, qui
« ne suis pas médecin, que le Ras

« montreroit bientôt qu'il seroit
« pour ce prince, un fléau plus fu-
« neste que toutes les fièvres du
« Dembea. »

« Je demandai à Gusho la per-
« mission de voir ses malades. Ayto
« Aderessan, son neveu étoit at-
« taqué de la petite vérole. En con-
« séquence j'avertis le général, du
« danger auquel il exposoit son
« armée, si cette maladie faisoît
« des progrès dans le camp ; et je
« lui conseillai d'envoyer Ayto dans
« l'église de Mariam, où il seroit
« soigné par les prêtres. Il l'y fit
« conduire en effet.

« On servit bientôt un grand
« déjeûné auquel avoient été invités
« plusieurs officiers. Gusho me pria
« de le saigner, avant de m'en

« aller ; mais je lui dis que je me
« garderois bien de le faire, puis-
« que je voyois déja qu'il se portoit
« bien , qu'une saignée pourroit
« déranger sa santé , et qu'ensuite,
« s'il mouroit, le blâme en retom-
« beroit sur moi. » — « Non, non ! »
« dit-il , je sais que je peux me
« fier à vous, et certainement au-
« cun de ceux qui m'appartiennent
« ne vous soupçonne d'un mauvais
« dessein.

« Après le déjeûner tout le monde
« sortit ; et M. Bruce étant resté
« seul avec Gusho, celui-ci lui dit :
« nous avons en ce moment dans
« le camp, un homme que Metical
« Aga, à la sollicitation des amis
« et des compatriotes que vous avez
« à Jidda , a envoyé pour savoir si
« vous

« vous êtes mort, ou en vie. Cet
« homme est aussi porteur d'un
« message pour le roi. Peut être le
« lui enverrai-je demain dans son
« camp. Cependant il est plus pro-
« bable que pour le lui présenter,
« j'attendrai que je le voie moi-
« même à Gondar. Rappelez-vous
« bien ce que je vais vous dire :
« tenez-vous toujours très-près du
« roi, et vous n'aurez rien à crain-
« dre, au milieu de la confusion
« qui ne peut manquer d'avoir bien-
« tôt lieu. » Je remerciai le général,
« du conseil qu'il me donnoit, et je
« lui promis de le suivre.

« Gusho tenoit dans sa main,
« un morceau de ce papier de soie,
« dans lequel les Abyssins ont cou-
« tume d'envelópper leurs lingots

Tome VII.   E

« d'or, et il se préparoit à me le
« glisser de la même manière que,
« dans notre Europe, on glisse ses
« honoraires à un médecin.— «Vous
« oubliez donc, » lui dis-je, que je
« ne suis pas un homme abandonné,
« comme les Grecs et les Armé-
« niens, que vous avez ici. Si j'a-
« vois besoin d'argent, l'envoyé de
« Métical-Aga m'en procureroit à
« ma première réquisition. Les per-
« sonnes malades que j'ai vues chez-
« vous, sont votre femme et vos
« deux filles. Quand par la suite,
« vous viendrez à Gondar, pren-
« dre en main les rênes du gou-
« vernement, je les prierai de vous
« demander elles-mêmes les servi-
« ces que je pourrai attendre de
« votre amitié ; et j'espère que vous

« ne me les refuserez pas. » — «Vous
« êtes un heureux prophête, »
« Yagoubé, « me dit Gusho, » et
« je le suis aussi. Souvenez-vous
« donc de mes avis. Je sais que
« vous êtes l'ami d'Ozoro Esther :
« mais sa protection vous devien-
« dra inutile. Il en sera tout au-
« trement d'Ozoro Altash, (1) Mais
« la meilleure chose que vous ayez
« à faire, pour que personne ne
« vous inquiète, c'est de vous tenir
« près du roi. Laissez-moi le soin
« du reste. »

« Gusho chargea alors un de
« ses officiers de me reconduire à
« travers la plaine, et il me fit suivre

(1) La fille d'Ozoro Altash avoit
épousé Powussen.

« par plusieurs esclaves, portant
« des fruits et du poisson. A peine
« étois-je à cent pas de la tente de
« ce général, qu'un homme enve-
« loppé de ses habillemens, jusque
« par-dessus le menton, vint à ma
« rencontre. C'étoit un esclave
« d'Engedan, qui avoit été fait pri-
« sonnier. « Votre armée va se dé-
« bander, » me dit-il, tout bas.
« Ayez soin de ne pas abandonner
« le roi, ou bien attachez-vous à
« Ayto, frère de mon maître, et il
« vous amènera ici. » A ces mots,
« l'esclave me quitta.

« J'appris en arrivant que le prince
« s'étoit trouvé indisposé, mais
« qu'il étoit alors assez tranquille.
« Je me rendis chez le Ras Michaël
« que je trouvai seul dans sa tente

« et avec un air chagrin. Il m'inter-
« rogea avec soin sur tout ce qui
« s'étoit passé dans mon entrevue.
« Je lui parlai des malades que j'a-
« vois vus, de l'or que Gusho avoit
« voulu m'offrir, du poisson et des
« fruits, qu'il m'avoit donnés : mais
« je me gardai bien de dire un seul
« mot de la rencontre qui devoit
« avoir lieu à Gondar.

« Cependant, voyant que le roi se
« plaignoit d'avoir un peu de mal
« de tête, je lui conseillai de ne re-
« cevoir personne, ce soir-là, de
« se coucher pour tâcher de prendre
« du repos, et de me permettre,
« jusqu'à ce qu'il se réveillât, de de-
« meurer dans l'appartement de son
« secrétaire. Il suivit mon avis avec
« d'autant plus de plaisir, qu'il avoit

E 3

« en la nuit précédente, une très-
« longue visite d'Ozoro Esher, et
« que, très-probablement, les affaires
« d'état n'entrèrent pas pour beau-
« coup dans leur entretien.

« Quand le roi fut couché, je sortis
« et j'allai chez Tecla Mariam, à
« qui je rapportai, mot pour mot,
« ce qui avoit été dit par Gusho,
« et par l'esclave d'Engedan. Il me
« répondit sans paroître étonné :
« Eh! quoi! c'en est donc fait de
« nous! Rapportez tout cela au
« roi. « Bientôt après un esclave
« vint dire au secrétaire, que le
« prince se trouvoit bien, et qu'il
« demandoit ce qu'il devoit boire.
« Voyez-le, et donnez-lui vous-
« même vos avis, » me dit le se-
« crétaire. « J'entrai donc dans l'ap-

« partement du monarque, à qui
« je révélai tout ce que je savois.
« Il parut très-agité pendant le
« récit que je lui fis, et il ré-
« péta fréquemment : O Dieu ! ô
« Dieu ! ô Guebra Menfous Ke-
« dous ! »

« Qui est ce Guebra Menfous Ke-
« dous ? « demandai-je ensuite à
« Tecla Mariam. » -- « Quoi ! » me
« répondit-il gravement, « c'est un
« grand saint, qui vécut sans boire,
« ni manger, depuis le ventre de
« sa mère. Il alloit dire la messe
« tous les jours à Jérusalem, et il
« revenoit chez lui, le soir, sous la
« forme d'une cicogne. Un jour, il
« combattit en Tigré contre le diable;
« il le jeta en bas du roc Amba Sa-
« lam, et le tua. » --- « Je vous

« souhaite bien de la joie , » ré-
« pondis-je, « c'est une bonne nou-
« velle que vous me donnez là. »
« Toute cette conversation se passa
« à demi-voix. Le roi étoit tran-
« quille , mais entendant les der-
« niers mots que je venois de pro-
« noncer , il se mit sur son séant, et
« s'écria : « Quelle joie ? quelle
« bonne nouvelle Yagoubé ? » —
« Ecoutez, Sire, » lui dis-je, « Tecla
« Mariam vient de m'apprendre
« que le diable est mort , ce qui
« est une bonne nouvelle, au moins
« pour moi , qui craignois sans cesse
« de tomber entre ses griffes. » — «
« Ah ! » dit le roi, « les moines ra-
« content cela. La chose est, dit-on,
« arrivée , il y a long-temps. Ce
« qu'il y a de certain , c'est que

« Guebra Menfous Kedous étoit un
« saint-homme. »

« Pendant notre entretien , le roi
« ne me fit point entendre s'il savoit,
« ou s'il ne savoit pas ce que les
« conseils de Gusho signifioient. Il
« m'ordonna seulement de me ren-
« dre chez moi, en me disant : « Si
« vous faites cas de votre vie, n'ou-
« vrez la bouche sur ce que vous
« venez de me dire, ni à aucun
« homme , ni à aucune femme. Ne
« paroissez pas même plus préoc-
« cupé qu'à l'ordinaire , et ayez con-
« fiance en la Vierge Marie , et en
« Guebra Menfous Kedous. »

« Le 26, nous fûmes informés
« que les Adjous Gallas , et quel-
« ques autres partis de cavalerie,
« avoient massacré tous les voya-

« geurs qu'ils avoient rencontrés
« sur le chemin de Gondar, et qu'un
« corps de troupes qui étoit entré
« dans cette ville, avoit menacé d'y
« mettre le feu, si l'on continuoit
« d'envoyer des provisions au camp,
« où l'on manquoit de toute espèce
« de subsistances, et même d'eau.
« On tint en conséquence un con-
« seil, où les principaux officiers
« furent appelés ; et le résultat fut
« qu'il falloit décamper dans la nuit
« du 28, pour arriver à Gondar le
« 29 au matin.

« Gusho fit parvenir à Michaël
« un message, qui portoit, « Que
« comme il savoit que le Ras se
« proposoit de voyager la nuit, il
« lui avoit fait remettre une pro-
« vision de torches, de peur qu'ayant

« brûlé toutes les siennes à l'occa-
« sion de l'alarme (1) qu'il avoit
« eue la nuit précédente , il ne se
« trompât de route, en voulant se
« rendre à Gondar.»

« Il fit en même temps déclarer au
« nom de tous les confédérés : « Que
« leur intention étoit de ne point
« troubler le Ras dans sa marche,
« que tout l'empire étoit d'accord
« avec eux, pour éviter une effu-
« sion de sang , devenue absolu-
« ment inntile , et qu'ils iroient le
« joindre à Gondar , pour y traiter
« avec lui. »

A la réception des torches et du
message, le Ras s'abandonna aux
transports de la plus violente co-

(1) On avoit cru que l'ennemi atta-
quoit le camp.

lère. Cependant il lui fallut faire de nécessité vertu, et l'on donna l'ordre que l'armée fût prête à décamper à huit heures du soir, mais on défendit, en même temps, et sous peine de mort, d'abattre les tentes, avant l'heure fixée.

Le vieux général frémissoit de honte et de colère d'être obligé de fuir, pour la première fois, devant ses ennemis : mais il étoit aisé de lire sur le visage de tous ceux qui composoient l'armée, combien cette résolution leur étoit agréable. Le roi, néanmoins, conservoit son maintien ordinaire ; et de toute la journée, il ne dit pas, à M. Bruce, un seul mot qui lui annonçât s'il retourneroit, ou ne retourneroit pas à Gondar.

L'armée

L'armée demeura tranquille jusqu'à la nuit. Alors on commença
par faire défiler les femmes, qui
étoient en grand nombre, et toutes
pesamment chargées de munitions,
de jarres, et d'autres fardeaux.
Bientôt après les soldats se mirent
en mouvement; et les tentes du Roi
et du Ras furent abattues. Les
ténèbres empêchoient de faire exé-
cuter les ordres, et il s'ensuivit
une extrême confusion. Chacun se
hâtoit de gagner le bas de la montagne. « Pour moi, » dit M. Bruce,
« j'eus soin, en partant, de mar-
« cher à côté du roi, mais j'en fus
« bientôt séparé; et il m'eût été im-
« possible de conserver ma place, à
« moins que d'écraser sous les pieds
« de mon cheval, une multitude de

« gens. La descente étoit très-glis-
« sante. Les hommes et les chevaux
« rouloient pêle-mêle, les uns sur
« les autres.

« Nous arrivâmes enfin aux por-
« tes de Gondar. Le terrain sur
« lequel nous marchions étoit aussi
« uni qu'un tapis : cependant, tout-
« à-coup, la mule du Ras Michaël
« s'abattit, et le jeta dans une
« flaque d'eau : mais il ne se fit pas
« le moindre mal, et fut bientôt
« relevé. Nous traversâmes le Mo-
« getch ; et à deux cents pas du
« pont, la mule s'abattit de nou-
« veau, et rejeta le Ras dans la
« boue. Cette seconde chûte fut
« suivie d'un long murmure : car
« tous les spectateurs croyoient que
« c'étoit un présage certain que

« Michaël alloit perdre pour jamais
« sa puissance. On lui amena tout
« de suite une autre mule, mais il
« refusa de la monter. Nous pas-
« sâmes la ville Maure, et nous
« gagnâmes par Aylo Meidan la
« hauteur où étoit bâtie la maison
« de Confu.

« Le Roi se rendit au palais ; le
« Ras se retira chez lui ; et d'après le
« conseil de Tecla Mariam, je m'en
« allai avec lui dans la maison de
« l'Abuna, où je laissai, sous la
« garde de mon domestique grec,
« ma chaîne d'or, mes instrumens et
« quelques bagatelles que je desirois
« de conserver. Je me revêtis d'un
« habit de paix, et je marchai vers le
« palais, où, fidèle aux avis de
« Gusho, je résolus d'attendre mon

« destin auprès du roi , qui n'avoit
« plus que très-peu de monde auprès
« de sa personne. »

Cependant les confédérés inves-
tirent bientôt Gondar ; et tous ceux
qui avoient pris parti pour Michaël,
furent obligés de rendre les armes.
Celui-ci demeura encore quelque
temps dans la maison appartenante
à son emploi de Ras. Il n'y étoit
visité que par quelques amis particuliers. A son arrivée, il avoit envoyé Ozoro Esther à Koscam, dans
le palais de l'Iteghé sa mère. Il man-
geoit, buvoit, dormoit comme à
son ordinaire, et raisonnoit avec
une grande tranquillité d'esprit et
même avec un air d'indifférence sur
ce qui venoit de se passer. On ne
lui avoit point donné de gardes : mais

tous ses mouvemens n'en étoient
pas moins observés, avec beaucoup de soin. Cependant le lendemain de la reddition des armes,
ayant appris que ses soldats, qu'on
renvoyoit dans le Tigré, étoient
fort maltraités par la populace, il
ne put s'empêcher de verser un torrent de larmes, et de regretter,
dans son désespoir, de ne pas être
mort, plutôt que d'être témoin
d'un pareil malheur. Quoiqu'il eût
prétendu jusqu'alors, qu'en jouant
aux dames, il devinoit l'issue de
toutes les affaires importantes, il
cessa de s'amuser à ce jeu; et en
même temps, il renonça à toute
espèce de divination.

Cependant le roi montroit la plus
grande fermeté. Les deux premiers

jours après sa rentrée dans la ville,
on ne vit au palais que des prêtres,
des juges, et quelques habitans qui
n'avoient pris aucune part aux
affaires. Quelques prêtres ou moines,
ne manquèrent pas , selon leur
usage, de mêler beaucoup d'im-
pertinences à leur conversation. Un
d'entr'eux voulut faire entendre
qu'il étoit douteux que le monarque demeurât sur le trône, et dit
que le peuple se plaignoit de ce que
ce prince étoit devenu si cruel, si
sanguinaire, à l'école de Michaël,
que quelques mois auparavant, aucun habitant de Gondar n'étoit sûr
de sa vie. Le monarque ne répon-
doit à ces propos que par un re-
gard sévère. Cependant, un des
auditeurs, en ayant parlé à Gusho,

non de la part du prince , mais de
son propre mouvement , le général
ordonna que le prêtre qui avoit
osé manquer à la majesté souve-
raine , fût dépouillé jusqu'à la
ceinture , et fouetté trois fois de
verges. Ce châtiment, approuvé de
tout le monde , excepté du clergé,
restreignit de beaucoup l'insolence
que le malheur du roi avoit excitée.

Le premier jour que ce prince
fut dans le palais , il ne mangea
qu'un petit morceau de pain , et il
distribua ce qui restoit, à ses domestiques , qui , bien qu'ils ne l'a-
vouassent pas , avoient fait meilleure chère que lui , chez leurs
amis particuliers. Le lendemain
commença de la même manière.
Il étoit midi avant qu'on eût vu

arriver aucune espèce de provisions. Mais quand on eut rendu les
armes, on apporta beaucoup de
vivres;et la même abondance ne dis-
continua plus.Le roi cependant man-
geoit peu, quoiqu'il eût naturelle-
ment assez d'appétit. Il faisoit donner le surplus à ses gens, et aux
pauvres qui étoient aux portes du
palais, et qui, disoit-il, devoient
être affamés par le séjour de l'armée nombreuse, qui environnoit
la ville. On sembla d'abord avoir
totalement oublié ce prince; mais
le second jour, son secrétaire vint
lui parler de la part de Gusho;
et après s'être entretenu une heure
avec lui, il repartit pour le camp.
Néanmoins le monarque ne laissa
apercevoir aucun changement ni

dans sa conduite , ni dans son maintien. Il avoit encore les mêmes vêtemens avec lesquels il étoit arrivé du camp, et il se coucha de bonne heure.

Tandis que tous les habitans de Gondar étoient sortis pour aller voir partir les troupes du Tigré, un corps de Gallas du Maitsha s'introduisit furtivement dans la ville , et pilla plusieurs maisons. Ces Gallas entrèrent dans le palais du roi, et pénétrèrent jusque dans la salle d'audience, où le monarque étoit placé dans son alcove. « Deux de ses « officiers et moi, » dit M. Bruce , « nous étions assis à terre, mais « de manière que nous ne pouvions « pas être aperçus.

« Quoique les Gallas vissent bien

« que le roi étoit sur son trône, ils s'ar-
« rêtèrent devant la première glace,
« et après avoir fait une infinité
« de grimaces, en s'y regardant,
« un d'entr'eux donna un coup
« de lance dans le milieu de ce
« grand miroir, qui formoit un
« carré long, et qui tomba en mor-
« ceaux sur le parquet. Les Gallas
« ramassèrent plusieurs de ces mor-
« ceaux, et, avec leurs lances, ils
« achevèrent de réduire le reste en
« poussière. Bientôt il ne leur resta
« plus qu'une glace à briser, pour
« venir à celles de l'alcove où étoit
« le monarque.

« Je frémissois de ce qui alloit
« arriver. Les barbares étoient en-
« trés au nombre de trente ou qua-
« rante, et nous ne savions pas

« combien il pouvoit y en avoir
« encore d'autres à la porte, ou
« dans la ville. Nous ignorions éga-
« lement de quel parti ils étoient,
« et si notre résistance pourroit pa-
« roître légitime. D'ailleurs, nous
« n'étions que trois, et pour toute
« arme, nous n'avions que le cou-
« teau que nous portions à la cein-
« ture. Le roi étoit également dé-
« sarmé. Nous craignions que si les
« Gallas s'approchoient trop de lui,
« en continuant à briser les glaces,
« il n'en frappât quelqu'un, et qu'a-
« lors nous ne fussions massacrés.
« Nous nous levâmes donc tous trois,
« et nous nous plaçâmes devant le
« roi, qui nous fit signe de la main
« de prendre patience et de rester
« tranquilles.

« Cependant, au même instant,
« entra Tensa Christos, homme
« très-considéré dans Gondar, et
« à qui Gusho avoit confié le soin
« de la ville, mais sans le revêtir
« d'aucun titre, parce qu'il n'y
« avoit point alors d'ordre arrêté
« dans le gouvernement. Tensa
« Christos venoit d'apprendre que
« les Gallas, ayant déja pillé plu-
« sieurs maisons, avoient pénétré
« dans le palais ; et il s'étoit em-
« pressé de les suivre, avec une
« centaine de jeunes gens de Gon-
« dar, tous forts, vigoureux et bien
« armés. Les Gallas s'aperçurent
« bientôt qu'ils alloient avoir une
« occupation plus sérieuse que celle
« de briser des glaces, et ils ga-
« gnèrent précipitamment la grande
« salle,

« salle, qu'on appelle *Aderashā*.
« Un des jeunes gens de la suite de
« Tensa Christos, ferma soudain la
« porte de la chambre où étoit le
« roi. Les Gallas parurent d'abord
« vouloir faire quelque résistance :
« mais deux d'entr'eux ayant été
« blessés, et tous se voyant dans
« un lieu dont ils ne connoissoient
« pas les issues, et où il étoit im-
« possible à leurs camarades de
« leur donner du secours, ils ren-
« dirent les armes. On les atta-
« cha alors deux à deux, et on les en-
« voya au camp de Gusho. Ce géné-
« ral, après en avoir fait pendre
« deux, ordonna qu'on fustigeât
« les autres, et qu'on les ren-
« voyât. »

Quand Tensa Christos eut chassé

ces brigands, il entra dans l'appartement du roi, et se prosterna,
comme à l'ordinaire. Le roi le fit
relever soudain, lui donna sa main
à baiser, et lui permit de se retirer,
sans lui dire un seul mot sur le
danger dont il venoit de le dé-
livrer.

Le même jour, avant midi, on
fit entrer dans la ville, un parti
de soldats, qui saisirent huit personnes coupables de l'assassinat du
roi Joas. Ces assassins furent mis à
mort, les uns à coups de hache, et
les autres à coups de lance. Ce fut
la seule exécution qui suivit cette
grande et soudaine révolution, ce
qui prouve combien les vainqueurs
furent modérés, en raison du nombre des complices de l'assassinat de

Joas, et sur-tout du plus grand nombre de gens qui avoient participé à la rébellion.

Le premier juin 1771, Gusho et Powussen se rendirent ensemble chez le Ras Michaël, qu'ils interrogèrent, avec beaucoup de dureté, sur sa conduite passée. Jusqu'au moment où les meurtriers de Joas furent mis à mort, le Ras s'étoit toujours paré de ses plus beaux vêtemens, et de toutes les marques de ses dignités : mais dès qu'il apprit cette catastrophe, il se revêtit d'une robe blanche, il couvrit sa tête d'un capuchon de la même couleur, pour montrer qu'il renonçoit au monde. Au sortir de chez Michaël, Gusho et Powussen allèrent au palais, où ils rendirent

hommage au roi, et lui jurèrent
fidélité.

Il fut alors arrêté que Gusho
rempliroit la place de Ras; et tous
les autres emplois furent également
donnés. Aucun parti n'avoit té-
moigné le moindre mécontente-
ment contre le roi; et ce prince
paroissoit reprendre enfin quelque
autorité. Ce qui sembloit devoir lui
rendre sa puissance, c'étoit l'ani-
mosité qui régnoit entre les principaux rebelles, à qui cependant
dant on doit cesser de donner ce
titre, parce qu'ils étoient rentrés
dans le devoir.

Le 4 juin, Powussen, sans en
avoir donné le moindre avis à
Gusho, entra dans Gondar, à la
tête de mille hommes de cavalerie,

et ayant fait mettre Michaël sur sa mule, il alla rejoindre son camp, abattit ses tentes, et partit soudain pour le Begemder. Ozoro Esther, toujours retirée à Koscam, dans le palais de la reine sa mère, eut à peine le temps d'envoyer une mule fraîche, et quelques provisions à son vieil et malheureux époux. Le reste de l'armée confédérée ne tarda pas à décamper. Gusho, revêtu de l'emploi de Ras, alla en occuper la maison. Les officiers et les esclaves du roi rentrèrent dans le palais. Ceux qui avoient perdu la vie, dans les dernières batailles, furent remplacés ; et la capitale jouit d'une apparence de paix.

Peu de jours après que l'armée du Begemder eut quitté Gondar,

G 3

Powussen envoya, chargé de chaî-
nes, l'usurpateur Socinios. Il fut
conduit devant le roi, dans le même
équipage qu'il étoit arrivé. Quand
on lui demanda son nom, il répondit avec beaucoup de hardiesse,
qu'il étoit Socinios, fils de Yasous,
et petit-fils de Bacouffa ; qu'il n'a-
voit point cherché à être roi, mais
qu'il y avoit été forcé par l'Iteghé
et par Sanuda , ce que tout le
monde savoit être vrai. Bientôt
après sa mère fut interrogée. Cette
femme niant alors ce qu'elle avoit
juré autrefois, c'est-à-dire , qu'elle
eût eu des rapports avec le roi
Yasous, Socinios fut condamné à
mort. Cependant , comme il ne paroissoit digne que de mépris , tant
par sa figure , que par ses manières

et ses discours, le roi youlut qu'on se bornât à le faire servir dans sa cuisine. Il y fut pris à voler, quelque temps après, et on le pendit sur-le-champ.

Le 21 juin, l'Iteghé revint de Gojam, et tous les habitans de Gondar sortirent en foule, pour la voir. Gusho alla au - devant d'elle ; et après l'avoir saluée, il lui dit que le roi avoit défendu, que le Palambaras Mammo, et Likaba Bycho entrassent dans la ville avec elle. Mais elle regarda cette défense, comme un sanglant affront ; et loin de croire qu'il vînt du roi, elle ne l'imputa qu'à Gusho. Elle lui reprocha son avarice, son orgueil et sa méchanceté. Elle l'accusa d'être plus despote que Mi-

chaël, sans avoir ses talens; et l'on
eut beaucoup de peine à l'empêcher
de reprendre le chemin du Gojam,
au lieu de poursuivre sa route, jusqu'à Koscam. Il est impossible de
peindre l'enthousiasme que la vue
de cette reine excita dans tous les
cœurs.

Vers la fin de juin, Fasil parut
tout-à-coup à Abba Samuel, et
alla d'abord chez l'Iteghé, puis
chez le roi, où M. Bruce le vit.
« Il fut très-gai, avec moi, » dit
notre voyageur; « et il préten-
« dit que je lui avois promis mon
« cheval, à mon retour du Maitsha:
« mais je m'excusai de ne pas le
« lui donner, en disant que je ne
« l'avois pas à Gondar.
« Quand ce général fut sorti, le

« roi me dit : «Je voudrois bien sa-
« voir , Yagoubé , «comment vous
« faites pour être bien venu de tous
« ces gens-là. C'est un secret qui me
« seroit bien plus utile qu'à vous.
« Gusho , par exemple , est main-
« tenant si fier de sa fortune, qu'à
« peine daigne-t-il me dire quelque
« mot honnête. D'un autre côté,
« Fasil vient de m'apporter une
« liste de gens qu'il veut attacher
« à mon service, sans m'en avoir
« demandé l'agrément ; et ce même
« Fasil ne vous voit point, qu'il ne
« se mette à rire et à plaisanter avec
« vous. »

Pendant ce temps-là, Gusho ven-
doit tout ce qu'il pouvoit vendre.
Content de retirer à-la-fois de l'argent de ceux à qui il procuroit des

places , et de ceux qui craignoient
d'être poursuivis pour des crimes
réels, ou supposés , il ne s'aper-
cevoit pas que ses ennemis prenoient
des mesures pour le priver bientôt
des avantages dont il abusoit. Il
étoit fort offensé de ce que , sans sa
participation , le roi avoit fait in-
viter l'Iteghé à retourner à Gondar,
à lui servir de mère , et à gouver-
ner comme du temps de Joas. Il
résolut donc de se venger en faisant naître de la mésintelligence
entre le jeune prince et la reine-
mère , chose qui n'étoit pas bien
difficile.

Gusho avoit confisqué au nom
du roi , tous les villages apparte-
nant à l'Iteghé, qui, en raison de
cela , crut que l'offre qu'on lui

avoit faite, n'étoit qu'une offre insi-
dieuse. Le nouveau Ras, pour aigrir
davantage cette princesse , avoit
engagé la mère du monarque à venir s'établir dans la capitale et à
insister pour que son fils lui don-
nât le rang et le titre d'Iteghé. Le
roi se rendit aux desirs de sa mère,
dont le couronnement , qui bles-
soit fortement les lois , fut suivi
du don que le roi lui fit de deux
grands villages , dont l'Iteghé avoit
toujours joui.

Mais si Gusho en agit mal avec
l'Iteghé , il ne se conduisit pas d'une
manière plus généreuse , ni plus
équitable, envers le roi. Non-seu-
lement , il ne lui fit pas la moindre avance en or : mais il inter-
cepta les tributs que les autres

gouverneurs de province devoient lui payer. Il se contentoit d'allouer pour l'entretien de la maison du roi , une fourniture journalière, inférieure même à celle que Michaël avoit été dans l'usage de donner.

Le 16 juillet, jour de la fête de S. Michel, Gusho, prétendant avoir fait un vœu à l'église dédiée à cet archange , à Azazo, partit de bonne heure , suivi de trente cavaliers et de cinquante fantassins , armés de mousquets. Mais il n'eut pas plutôt dépassé l'église , qu'on reconnut que son dessein étoit de prendre la fuite ; car on avoit résolu de l'arrêter dans Gondar. Ses ennemis, parmi lesquels étoit Ayto Engedan se mirent à sa poursuite, et l'atteignirent

gnirent au-delà de la rivière de
Derma. Gusho se retournant tout-
à-coup, tua de sa main deux des
soldats, repoussa le reste, traversa
de nouveau la rivière et se rangea
sur la place pour faire face à l'ennemi ; là, il parla à Engedan ; il lui
rappela la manière dont il l'avoit
traité quand naguere il le tenoit
entre ses mains, et il lui conseilla,
ainsi qu'aux autres, de s'en retourner à Gondar, et de dire au roi,
qu'il y retourneroit lui-même dans
quinze jours.

Les assaillans tinrent alors conseil entr'eux ; puis ils laissèrent
Gusho poursuivre sa route. Mais
à peine fut-il à Degwassa, où il
se croyoit totalement hors de
danger, qu'il se vit tout-à-coup

Tome VII. H.

environné par les soldats d'Aclog, gouverneur d'un petit district. Il se seroit pourtant échappé des mains de ce nouvel assaillant, si son cheval, servant mal son courage, ne s'étoit enfoncé dans un bourbier, d'où il lui fut impossible de se tirer. Le premier août, il fut ramené chargé de fers, à Gondar. Il avoit la tête rasée, et il étoit couvert de vêtemens noirs. Aussitôt il fut renfermé dans une tour élevée, humide et inhabitée ; et personne ne parût le plaindre.

On n'entendoit plus parler du Ras Michaël. On ignoroit absolument s'il étoit mort ou en vie. Toutefois son démon sembloit encore régner dans les airs, et y souffler la discorde.

« Depuis que l'Iteghé étoit reve-
« nue dans son palais de Koscam, »
dit M. Bruce, « j'avois passé une
« grande partie de mon temps au-
« près d'elle : mais ma santé dépé-
« rissoit chaque jour, et j'obtins
« enfin de cette reine, quoiqu'avec
« beaucoup de difficulté la per-
« mission de m'en retourner dans
« ma patrie. Le roi finit également
« par me l'accorder, après m'avoir
« fait acheter son consentement par
« toutes les sollicitations et les pro-
« messes imaginables.»

« Je vis aussi l'envoyé de Me-
« tical Aga. Cet homme trouvant
« le Ras Michaël dans la disgrace,
« ne voulut point séjourner à Gon-
« dar. Il s'empressa, au contraire,
« de s'en retourner, et il fit tout

« ce qu'il put, pour me déterminer
« à prendre avec lui, la route du
« Tigré et de l'Arabie. Mais indé-
« pendamment de ce que j'avois
« résolu d'achever mon voyage
« par le Sennaar, et le grand dé-
« sert, je ne voulois point risquer
« de passer encore par Masuah. »

« Le capitaine Price, comman-
« dant le vaisseau le *Lion de Bom-*
« *bay*, ayant eu des affaires à ter-
« miner avec le gouverneur de la
« Mecque, étoit resté à Jidda, jus-
« qu'à la saison qui suivit celle de
« mon départ pour l'Abyssinie.
« Quand l'envoyé de Metical Aga
« arriva, j'avois déjà reçu d'autres
« nouvelles du capitaine. Cet homme
« me dit que mes compatriotes
« étoient très-inquiets de moi ; qu'on

« avoit souvent rapporté à Jidda et
« à Moka, que j'avois été assassiné ;
« que tantôt on disoit que c'étoit à
« Masuah, tantôt à Gondar, et
« d'autres fois, dans le Sennaar,
« où j'avois voulu passer en m'en
« retournant.

« Le capitaine Price m'écri-
« voit que, craignant que je
« n'eusse besoin d'argent, il avoit
« laissé des ordres à Ibrahim Séraf,
« courtier de la factorerie anglaise
« à Jidda, de m'avancer deux
« mille écus. Il me prioit en même
« temps de donner un mandat à
« Ibrahim, pour qu'il le fît passer
« à Bombay, et qu'il pût être payé
« à un autre à M. Price, qui de-
« meure dans le Smithfield. Je ne
« puis m'empêcher de rapporter

II 3

« ce trait, pour faire connoître le
« caractère généreux et bienfaisant
« du capitaine auprès duquel je n'a-
« vois d'autre titre que les liaisons
« d'amitié que j'avois pu former
« avec lui, à mon passage à Jidda. »

« Je fis part à l'envoyé des nou-
« velles décourageantes que j'avois
« reçues du Sennaar, et le priai
« d'engager son maître, à écrire
« en ma faveur à quelque homme
« en crédit, qu'il pourroit connoître
« dans ce pays.

« Ma résolution étant donc prise,
« et la permission de partir obtenue,
« c'est ici le moment de rendre
« compte de l'état de mes finances.
« J'avois emprunté par hasard, à
« Gondar, trois cents livres ster-
« ling, d'un Grec nommé Pétros.

« L'Iteghé avoit fort distingué ce
« Grec, qui étoit d'une jolie figure ;
« et le roi Joas l'avoit placé près
« de lui. Etant souple, poli, in-
« telligent, et toujours bien paré,
« il avoit gagné les bonnes graces
« de toute la cour, et il étoit devenu
« fort riche. Lorsque le palais de
« Gondar fut brûlé, la couronne,
« qui étoit sous la garde de Pétros,
« fut fondue. Il est vrai qu'on re-
« trouva ensuite l'or de cette cou-
« ronne : mais elle avoit été sur-
« montée d'une perle, ou de quel-
« que autre joyau, de la grosseur
« d'un œuf de pigeon, et d'un prix
« immense ; et ce joyau ne reparut
« plus, parce qu'il avoit été, disoit-
« on, consumé par le feu. Cepen-
« dant le Ras Michaël croyoit,

« au contraire, que Pétros avoit
« dérobé le joyau, dans l'inten-
« tion de le vendre. Aussi, lui re-
« fusa-t-il constamment la permis-
« sion de sortir d'Abyssinie ; et
« Pétros vivoit dans la crainte de
« se voir tôt ou tard dépouillé de
« tout ce qu'il avoit. Tandis que
« Michaël assiégeoit la montagne
« d'Haramat, ce Grec me pria de
« recevoir trois cents livres ster-
« ling, et de lui donner une lettre
« de change, par triplicata, et
« payable à un mois de vue, à
« l'ordre de l'évêque maronite du
« mont Sinaï, sur messieurs Julien
« et Rosa, mes correspondans au
« Caire. Après cela Pétros partit
« pour son pays, sous l'habit d'un
« pauvre ; et par ce moyen, il

« échappa à la rapacité de Michaël
« et du Naïb de Masuah. Quant à ma
« lettre de change , elle fut du-
« ment acquittée à l'évêque , qui
« feignit de croire que chaque du-
« plicata devoit être également
« payé , et qui , ayant voulu insis-
« ter là-dessus , faillit à recevoir la
« bastonnade, par ordre du Bey du
« Caire.

« Une lettre de change , tirée de
« Gondar , est une chose assez cu-
« rieuse à Londres. La mienne y
« arriva. Elle est déposée dans le
« comptoir de MM. Drummond
« et compagnie , de Charing-Cross.
« Ce fut le seul écrit de moi, qui
« pût parvenir à sa destination ;
« et cependant , je fis souvent par-
« tir des lettres par la voie d'A-

« rabie. Aussi je conseille à tous les
« voyageurs de joindre des lettres
« de change aux dépêches de consé-
« quence , qu'ils auront à faire
« passer : c'est un moyen sûr pour
« que celles-ci soient fidèlement
« rendues.

« Je fis semblant d'envoyer ma
« chaîne d'or au Caire. J'en parlai
« même beaucoup pour qu'on le
« crût , et je déclarai que c'étoit le
« seul or que je voulusse faire sor-
« tir du pays , que j'allois quitter en
« pauvre, tant en réalité qu'en ap-
« parence.

« Les mulets sont les animaux
« de charge dont on se sert le plus
« communément en Abyssinie. J'en
« avois un grand nombre en propre,
« pour charrier mes instrumens et

« mon bagage. Le roi et l'Iteghé
« m'en fournissoient d'autres pour
« me servir de monture. J'avois
« en outre deux chevaux que
« j'aimois beaucoup ; et je projet-
« tois assez follement de les mener
« en Angleterre ; car, quoique je
« crusse avoir été suffisamment in-
« formé d'avance des fatigues et des
« dangers qui m'attendoient, et
« quoique je me flattasse d'y être
« bien préparé, je n'en avois pas
« encore prévu la centième partie.

« Le 6 août, des envoyés de
« Fasil vinrent à Gondar. Le len-
« demain vinrent ceux de Powussen
« et de plusieurs autres gouver-
« neurs. Tous demandoient la liberté
« de Gusho. Le roi consentit à la
« lui rendre à condition que le Ras

« lui donneroit à l'instant mille on-
« ces d'or , et cinq cents mous-
« quets : mais Gusho s'y refusa.

« Depuis le retour de l'Iteghé ,
« je résidois toujours à Koscam ,
« à sa sollicitation : car son séjour
« en Gojam avoit fort altéré sa
« santé. D'ailleurs cela convenoit
« mieux à l'envie que j'avois de me
« retirer sans bruit. Je n'avois ren-
« du à Gusho qu'une seule visite ,
« encore étoit-ce une visite d'un
« moment ; de sorte que je n'avois
« d'autre cour à faire qu'au roi
« et à l'Iteghé. On avoit assuré
« à celle - que le prince avoit eu
« intention de faire piller le pa-
« lais de Koscam : mais le roi le
« nia publiquement. L'Iteghé , ce-
« pendant, ne fut pas satisfaite de
« la

« la manière dont il fit ce désaveu.
« Me trouvant seul un jour auprès
« du monarque, je me hasardai à
« lui en parler, et il me répondit :
« quand je n'aurois pas eu d'autres
« raisons, je n'aurois pas voulu le
« faire par rapport à vous. »

Le 13 octobre, on vit, tout-à-coup
Powussen arriver à Koscam, à la
tête d'une nombreuse armée. Ce
général eut plusieurs entrevues
avec le roi et l'Iteghé. On ne sut point
dans le public l'objet de ces entre-
tiens : mais il est probable qu'ils
n'eurent pour but que d'opérer une
réconciliation entre la princesse
et le jeune roi. Cette réconciliation eut bientôt lieu, du moins
en apparence ; et ensuite Powussen
retourna dans le Begemder.

VII.   I

Le 12 novembre , Gondar fut frappée d'une terreur subite , à la vue de gens de la campagne, se réfugiant en foule dans la ville, et rendant graces au ciel de ce qu'ils avoient sauvé leur vie. Fasil étoit parti d'Ibaba , à la tête d'une puissante armée. Il n'avoit commis aucun désordre jusqu'à Dingleber , qu'il consi-déroit comme une des limites de son gouvernement : mais là, lais-sant son armée sous la conduite de son lieutenant Welleta Yasous , il avoit continué sa marche avec un détachement de sept cents hommes de cavalerie , les plus sau-vages , les plus détestables brigands qui aient jamais porté la désolation dans quelque pays que ce soit. Fasil

mit à feu et à sang tous les villages,
toutes les églises qu'il trouva entre
Dingleber et Sar-Ohha, et il mas-
sacra tous les hommes qui lui tom-
bèrent sous la main, sans distinction de rang ni d'âge. Il tua aussi
toutes les femmes, qui n'étoient
plus en âge de faire des enfans, et
il donna les autres pour esclaves
aux Gallas qui l'accompagnoient.

Ayant montré ce qu'il pouvoit
faire, il s'arrêta à Sar-Ohha; et
de là, il envoya un message au roi,
pour lui demander définitivement
la liberté de Gusho. Son messager
étoit le nain, *Doho*. Celui-ci rappela au monarque, en termes presque indécens, que Fasil lui avoit
laissé la couronne et la vie, qu'il
étoit maître de lui ôter. Il lui de-

I 2

manda s'il savoit bien qui l'avoit
protégé, la nuit qu'il s'étoit enfui
de Serbraxos à Gondar ? Le nain
conclut enfin sa harangue, en
déclarant au roi, qu'à moins qu'il
ne rendît à Gusho, la liberté et
son gouvernement, dans trois
jours, et sans aucune condition
quelconque, Fasil feroit de la ville
de Gondar un affreux désert.

Le roi écouta ces discours avec
la plus grande tranquillité, et répondit : « Dites au Kasmati Fasil
« qu'il ne doit avoir ni la volonté
« ni le pouvoir de rendre injuste ce
« que je suis obligé de faire d'après
« les règles de la justice. Les
« hommes ont crucifié leur sauveur,
« et plusieurs de mes prédécesseurs
« ont été mis à mort par leurs pro-

« pres sujets. Cependant , Dieu a
« daigné jusqu'à ce jour , main-
« tenir la race de Salomon sur le
« trône , où je suis assis en ce mo-
« ment , tandis qu'il ne reste de
« leurs ennemis qu'une mémoire
« chargée d'opprobre et de ma-
« lédictions. Je suis roi , et j'ai
« été souvent reconnu pour tel , par
« le Kasmati Fasil. Je ne rendrai
« la liberté à Gusho , que quand je
« le voudrai , si même je le veux
« jamais ; et Fasil ne peut pas conti-
« nuer à me la demander , s'il veut
« se tenir dans les bornes du respect
« qu'un sujet doit à son souverain.»

Le messager retourna promptement vers Fasil, qui le jour même (le
13 novem.), s'avança jusqu'à deux
milles de Gondar. Le 14 , à huit

I 3

heures du matin, il fit proclamer, aux portes de la capitale, « Que « tous les habitans , de quelque « état et de quelque condition qu'ils « fussent, eussent à sortir incessam- « ment de la ville, s'ils faisoient cas « de leur vie, parce que si, après cet « avertissement, il en restoit quel- « ques-uns, ce seroit tant pis pour « eux. » En un moment, la ville fut déserte; et il ne demeura près du monarque, qu'un petit nombre de ses serviteurs.

Le 15, le roi laissa enfin sortir de prison le Ras Gusho, qui se rendit aussitôt au camp de Fasil. Le lende-main au soir , Gusho rentra dans Gondar , et eut une audience du prince, mais il s'en retourna ensuite. Le 17, Fasil vint au palais. Avant de

voir le roi, il garnit de soldats toutes les avenues de la demeure du
prince. Une très-forte garde fut
mise dans l'antichambre ; et une
vingtaine de sauvages Gallas s'em-
parèrent de la porte de la salle
d'audience , où se tiennent ordinairement les esclaves noirs. Tout
fut humiliant pour le monarque.
Fasil lui annonça qu'il avoit donné
sa fille en mariage à Gusho ; et le
prince fut contraint de rendre à celui-
ci le gouvernement de l'Amhara, en
y ajoutant le Gojam. Aclog fut condamné à trouver caution pour douze
cents onces d'or , parce que Gusho
en avoit, dit-on , autant sur lui
quand il fut arrêté par ce gouverneur.

Le roi fut obligé de réintégrer

l'Iteghé dans tous les villages dont elle avoit eu la propriété depuis le règne de Bacouffa son époux. Fasil eut le Damot, le Maitsha, et la province des Agows. Pour rendre le traité plus solennel, le prince et le général se jurèrent une amitié éternelle; après quoi, l'Abuna, revêtu de ses habits pontificaux, prononça une excommunication contre le premier qui romproit l'engagement qu'il venoit de prendre.

Fasil viola ce serment presque aussitôt qu'il fut prononcé : car le 19 novembre, il envoya des ordres au palais pour que quatre corps des troupes de la maison du roi, vinssent le joindre à l'instant. Ces corps prirent soudain les armes et obéirent aux ordres de Fasil, qui les em-

mena en triomphe , avec son nouveau gendre Gusho.

« C'est ici, » dit M. Bruce, que
« je dois terminer l'histoire d'A-
« byssinie, car je ne fus pas témoin
« des événemens qui durent suc-
« céder à ceux dont je viens de
« rendre compte ; et je n'eus au-
« cune occasion d'en être informé.
« Les préparatifs de mon retour
« par le royaume de Sennaar, et
« à travers le désert, fixoient toute
« mon attention. Je ne m'étendrai
« même point sur ce qui se passa
« dans les entrevues , où je pris
« congé des personnes illustres, avec
« lesquelles je vivois, depuis long-
« temps, dans la plus parfaite et la
« plus cordiale amitié. J'aime mieux
« supprimer ce que je pourrois en

« dire , que de donner lieu à quel-
« que malveillant de croire que je
« cherche à me flatter moi-même.
« Mais toutes les marques de bonté,
« d'amitié, d'estime., que je reçus à
« mon départ , sont gravées dans le
« fond de mon cœur; et rien ne pourra
« les en effacer. Elles me fourniront
« sans cesse , les plus agréables ré-
« flexions , parce qu'elles ont été,
« j'ose le dire , le prix d'une con-
« duite honnête et juste, qui ne s'est
« jamais démentie.

« Il faut que je rapporte encore
« ce qui m'arriva chez l'Iteghé,
« deux jours avant mon départ.
« Tensa Christos, l'un des princi-
« paux ecclésiastiques de Gondar,
« étoit de l'ordre de l'Abba Eusta-
« thius , ou, en d'autres termes, un

« des plus grands ennemis de la re-
« ligion catholique, que les Abys-
« sins appellent *la religion des*
« *Francs*. Ce prêtre, qui cepen-
« dant jouissoit d'une grande ré-
« putation de probité, venoit sou-
« vent chez l'Iteghé. Je l'y trouvai,
« le soir que j'allois prendre congé
« de cette princesse. « Yagoubé,
« me dit-il, » maintenant que vous
« êtes au moment de quitter le
« pays, et que vous pouvez me ré-
« pondre sans crainte, je vous de-
« mande en grace de me dire si vous
« êtes réellement un Franc, ou si
« vous n'en êtes pas un ? «—» Sei-
« gneur, » lui dis-je, « quand j'au-
« rois dix ans à rester en Abyssi-
« nie, je vous répondrois avec la
« même liberté que je vais vous ré-

« pondre, j'étois bien recommandé
« quand je suis venu dans ce pays,
« et j'y fus bien accueilli par le roi
« et par le Ras Michaël. Je n'y ai
« enseigné, ni prêché. Personne ne
« m'y a jamais entendu dire un mot
« sur mon culte particulier; et, au-
« tant que mon devoir m'y a obligé,
« je n'ai jamais manqué d'assister
« au service divin, tel qu'on le cé-
« lèbre ici. Comment donc aurois-
« je pu avoir quelque crainte, tandis
« que sous la protection immédiate
« du monarque, je me conformois
« aux lois et aux coutumes de cet
« empire? » — « Certes, » dit Tensa
« Christos, « je ne prétends point
« que vous dussiez craindre. Quelle
« que soit votre foi, je vous aurois
« défendu moi-même. L'Iteghé sait
« que

« que je lui ai toujours parlé avan-
« tageusement de vous. Mais con-
« tentez la curiosité d'un vieillard,
« en me disant si vous êtes vérita-
« blement un franc, un catholique,
« ou un jésuite ? »

« J'ai trop de respect pour un
« homme aussi vertueux, aussi vé-
« ritablement honnête que vous,
« lui répliquai-je, » pour ne pas sa-
« tisfaire à votre question, dans
« quelque circonstance que vous me
« l'adressiez. Je vous déclare donc,
« que mes compatriotes et moi,
« nous sommes plus éloignés, en
« matière de religion, de ceux que
« vous appelez Jésuites ou Francs,
« que vous ne l'êtes d'eux, vous et
« tous les Abyssins.

« L'Iteghé prit la parole.--«Tensa

Tome VII. K

« Christos, » dit-elle, « ne croyez-
« vous pas que si Yagoubé n'est
« point prêtre, il est au moins digne
« de l'être? » — « Madame, » ré-
« pondit l'ecclésiastique, il me reste
« encore une question à lui faire;
« et ce sera la seule; encore ne la
« lui ferois-je point, s'il ne devoit pas
« partir demain. » — « Elle est donc
« bien dangereuse, » dis-je, « mais
« voyons. J'aime mieux satisfaire
« la curiosité des honnêtes gens
« que de laisser mauvaise opinion
« de moi. » — Il paroît, » dit Tensa
« Christos, « que vous n'êtes point au
« nombre des Francs, mais que vous
« croyez votre religion meilleure
« que la leur. Vous n'êtes pas non
« plus de notre religion, puisque vous
« dites que nous approchons plus

« de celle des catholiques que vous.

« Quelle objection avez-vous donc

« à faire contre notre religion , et

« quelle opinion en avez-vous ? »

« Autant que je puis la connoître,
« répondis-je , » je ne puis qu'en
« bien penser. C'est l'ancienne église
« grecque , telle qu'elle étoit sous
« Saint Athanase , successeur de
« Saint Marc à la chaire d'A-
« lexandrie. Vous ne pouvez avoir
« une meilleure religion , puisque
« c'est celle qui approche le plus
« de la religion des Apôtres. D'ail-
« leurs il n'y a point de religion
« qui enseigne à faire du mal. La
« vôtre sur - tout doit l'enseigner
« moins que toute autre , si vous ne
« l'avez pas corrompue. Mais souf-
« frez qu'à mon tour , Tensa Chris-

K 2

« tos, je vous adresse deux ques-
« tions. Votre religion , en vous
« permettant de prendre une femme,
« vous permet-elle aussi de la ré
« pudier pour épouser sa sœur, puis
« de choisir sa tante, et ensuite de
« vous marier avec sa mère ? « St
« Athanase vous a-t-il enseigné
« d'avoir deux ou trois femmes à-
« la-fois , de faire divorce avec
« elles, d'en épouser d'autres , et
« de reprendre les premières, si
« cela vous fait plaisir? » — « Non,»
« répondit-il. « Eh bien ! » repris-
« je , « comme vous faites cela,
« tous les jours, vous ne suivez
« pas à cet égard, la religion de
« Saint Athanase. A présent, je
« vous demanderai, si un prêtre,
« non un Franc, mais un homme,

« vraiment chrétien, comme mes
« compatriotes et moi , d'accord
« avec vous sur tous les points ,
« excepté sur celui du mariage, si
« ce prêtre , dis je , prêchoit contre
« la polygamie, le divorce et l'in-
« ceste, si fréquens en Abyssinie,
« pourroit - il vivre parmi vous ?
« Quel traitement lui feriez-vous
« éprouver ? ».

« On le lapideroit ! » s'écria Aylo
« Aylo, qui étoit assis à côté de nous.
« On le lapideroit comme un Franc
« et un jésuite. Il ne vivroit pas
« une semaine. » -- « Yagoubé est
« pressant , » reprit Tensa Christos,
« en se retournant vers l'Iteghé.
« Mais , il faut l'avouer, j'ai bien
« peur que nos Abyssins, et j'en
« suis fâché, n'abandonnent jamais

K 3

« les pratiques égyptiennes dont
« ils ont si anciennement hérité ,
« pour écouter les leçons d'un prê-
« tre , quelque parfaite que soit
« sa religion , et quelque vie exem-
« plaire qu'il puisse opposer à la
« corruption de leurs mœurs. » —
« Ainsi , » lui dis-je , « soyez sûr,
« Tensa Christos , que l'effusion du
« sang de ces Francs , comme vous
« les appelez , est criminelle aux
« yeux de Dieu. Leur croyance les
« préserve de quelques péchés hor-
« ribles , qu'on commet sans cesse
« dans ce pays , et dont la vôtre
« ne vous a pas encore garantis.
« Si vous n'avez pas besoin de
« préceptes, vous manquez au moins
« d'exemples. Ces Francs peuvent
« vous en donner de bons; et votre

« religion vous instruit à les imi-
« ter. »

« Il y avoit alors chez l'Itéghé
« plus de cent personnes, qui
« nous écoutoient avec la plus
« grande attention : mais comme
« je ne voulois pas pousser plus
« loin l'entretien, je me levai ; et
« passant du côté de Tensa Christos,
« qui étoit à l'autre bout de l'ap-
« partement, je lui dis : « Révérend
« père, il me reste une grace à vous
« demander ; c'est que vous me
« pardonniez, si jamais je vous ai
« offensé ; et, dans le cas contraire,
« que vous m'accordiez votre bé-
« nédiction et le secours de vos
« prières, à présent que je suis
« au moment de mon départ, pour
« le long et périlleux voyage, que

« je vais entreprendre, parmi des
« infidèles et des payens. »

« Un murmure d'approbation
« se fit entendre. Tensa Christos,
« surpris d'un acte d'humilité, au-
« quel il ne s'attendoit point, s'é-
« cria, les larmes aux yeux :
« Est-il possible, Yagoubé, que
« vous croyiez que mes prières vous
« soient de quelque utilité ? » --
« Je ne serois point chrétien, comme
« je m'honore de l'être, mon père, »
« lui répondis-je, « si je doutois
« de l'efficacité des prières de
« l'homme vertueux. Je me courbai
« pour baiser sa main : mais à mon
« grand étonnement, au lieu de me
« donner simplement sa bénédic-
« tion, il posa sur ma tête, une
« petite croix de fer, et récita l'o-

« raison dominicale. Il finit par
« ces mots : « *Gzier y' Baracuc !*
« que Dieu vous donne sa béné-
« diction ! aussitôt je me prosternai
« devant l'Iteghé et je me retirai
« chez moi ; car, en Abyssinie,
« on ne salue personne en présence
« des souverains.

« Vingt gros moines s'étoient
« placés sur mon chemin, pour
« me bénir aussi. J'avois peu de
« foi à leurs prières, et je ne me
« souciois nullement de baiser les
« mains et les manches crasseuses
« de ces ignorans ; cependant je me
« soumis à cette désagréable céré-
« monie. »

VOYAGE

AUX

SOURCES DU NIL.

LIVRE HUITIÈME.

Retour par le Sennaar, la Nubie et le
Grand Désert. — Arrivée à Alexandrie,
et traversée d'Alexandrie à Marseille.

« Le 26 décembre 1791, » dit
M. Bruce, « je quittai enfin Gondar. Je m'étois proposé de partir le
matin de bonne heure : mais je fus
retenu malgré moi, par mes amis.
Le roi avoit retardé jusque-là mon

départ, en m'envoyant chaque soir de nouveaux ordres ; et je vis qu'il n'avoit d'autre intention que de m'opposer des difficultés, jusqu'à ce qu'il survînt, comme cela arrive presque toujours dans ce pays-là, quelque accident qui me mît dans l'impossibilité absolue de m'en aller. Aussi, quand son dernier messager vint me trouver, le 25, au soir, je le chargeai de présenter mon respect à sa majesté, à qui je rappelois en même-temps sa promesse, et que je priois avec un peu d'aigreur, de m'abandonner à ma mauvaise fortune. Je lui fis dire enfin que mes domestiques avoient pris les devants, et que j'avois résolu de partir le lendemain matin.

« Cependant je fus étonné de voir arriver,

arriver , ce matin-là même, à la
tête de cinquante cavaliers, un jeune
homme que le roi avoit mis depuis
peu au nombre de ses chambellans.
Comme je voulois quitter l'Abyssinie, aussi obscurément qu'il étoit
possible, parce que c'étoit le seul
moyen de passer en sureté dans le
Sennaar, j'avois insisté pour qu'aucun de mes amis ne m'accompa-
gnât, et je priai l'escorte, que le
roi daignoit m'envoyer, de vouloir
bien s'en retourner. Je fus long-
temps avant de pouvoir l'obtenir ;
et il étoit une heure après midi,
quand je me mis en route. Je marchai du côté de l'ouest , laissant à
main droite le Debra Tzai , ou la
montagne du Soleil. En commen-
çant à descendre , je contemplai à

Tome VII.   L

mon aise, la plaine qui est au-dessous , et qui paroissoit couverte
d'une épaisse et sombre forêt.

« Tous les désastres qu'on m'a-
voit prédits vinr ent alors se présenter à mon imagination. Pendant
un moment, ils firent sur moi une
impression très-forte ; mais il étoit
trop tard pour revenir sur mes pas.
Le sort étoit jeté ; il falloit réussir
ou périr.

Mes réflexions ayant plutôt en-
durci que fortifié mon cœur, je
descendis par un chemin presque
perpendiculaire. Le terrain étoit
très-dur, très-raboteux, et rempli
de crevasses, que font les torrens
dans la saison des pluies. Ce che-
-min est si difficile que , quoique
nous fussions pleins d'ardeur, et

que nous eussions des bêtes vigou-
reuses , nous ne pûmes faire qu'un
mille par heure. J'avois avec moi
trois Grecs. L'un d'eux étoit atta-
ché à mon service , et l'un des deux
autres , qui étoit presque aveugle ,
fuyoit la misère et la faim. J'avois ,
en outre , un vieux janissaire, venu
en Abyssinie , avec l'Abuna , un
Copte , qui nous quitta à Sennaar ,
et quelques Abyssins qui avoient
soin des animaux , mais qui ne
devoient aller que jusqu'à Tcherkin.

« A quatre heures et un quart,
nous arrivâmes sur les bords de la
rivière de Toum Aredo. Cette rivière prend sa source dans le pays
montueux des Kemmonts. Les habitans de cette contrée professoient

jadis la même religion que les
Falashas : mais ils furent baptisés
sous le règne de Facilidas ; et ils
ont été depuis séparés de leurs frè-
res. Malgré cela, ils conservent la
plupart de leurs anciennes pratiques. Ils ont une horreur singulière du poisson, et ils ne s'abstiennent pas seulement d'en manger,
ils ne peuvent en supporter la vue.
La raison qu'ils en donnent, c'est
qu'une baleine, où quelqu'autre
gros poisson, avala le prophête
Jonas, dont ils ont l'honneur de
descendre. Les Abyssins les mé-
prisent excessivement. »

« Nous traversâmes la rivière
de Tum Aredo, pour nous rendre
au misérable village de Dour Ma-
cary, et nous y fîmes halte, pour

nous reposer du peu de chemin que nous venions de faire, avec beaucoup de fatigue. Les habitans parurent fort inquiets à notre approche. Il cachèrent tous leurs vases, tous leurs ustensiles de cuisine, de peur que nous les profanassions.

Le 2 janvier, à huit heures et demie du matin, nous arrivâmes au pied de la montagne de Tcherkin, au sommet de laquelle étoit une maison, qui appartenoit à mon ami, Ayto Confu. On me conduisit bientôt dans un appartement retiré, où, à mon grand étonnement, je trouvai, non mon ami, mais Ozoro Esther, sa mère. Elle étoit assise sur un sofa, et, étoit à ses pieds, la belle Tecla Mariam, dont le père

L 3

parut à l'instant, avec plusieurs personnes de la cour. Après avoir fait un profond salut à la princesse, je lui dis : « Ozoro Esther, je « suis si agréablement surpris qu'il « m'est impossible de parler. Eh ! « comment avez vous pu quitter « Gondar, pour venir dans ce dé- « sert ? Quant à Tecla Mariam , je « ne suis point étonné de la voir. Je « sais que dans tous les temps , « elle aimeroit mieux mourir que « de vous quitter : mais que vous « soyiez venues ici l'une et l'autre, « sans Ayto Confu, et en si peu de « temps, c'est ce que je ne puis « comprendre. »

« Il n'y a pourtant là , rien de « fort étrange », répondit Ozoro Es-ther. « Les troupes du Begemder

« ont enlevé le Ras Michaël, et
« Dieu seul sait où elles l'ont
« mené. Ainsi, me trouvant veuve,
« j'ai résolu d'aller prier pour mon
« époux à Jérusalem, d'y mourir; et
« d'y être enterrée au pied du Saint
« Sépulchre. Vous ne voulez pas
« demeurer avec nous, nous irons
« donc avec vous. Y a-t-il quelque
« chose de surprenant à tout cela ? »

« On servit alors le dejeûner.
La conversation s'anima. Le secrétaire m'apprit que le roi, en
rendant les villages à l'Iteghé,
conformément au dernier traité
avec Powussen, avoit cru pouvoir
en donner une partie à Ozoro Esther, afin de marquer la gratitude
qu'il conservoit des services du
Ras Michaël. Ayto Confu, allant

à la chasse à Tcherkin, avoit em-
mené sa mère avec lui, pour la
mettre en possession de ses villages.

« Il ne manquoit plus à notre
satisfaction que d'avoir avec nous
Ayto Confu. Il arriva à quatre
heures, ainsi qu'Ayto Engedan, et
nous eûmes nombreuse compagnie.
Ce jour fut un des plus agréables
de ma vie. J'oubliai tout-à-fait le
pénible voyage que je venois d'entreprendre, et tous les dangers qui
m'attendoient.

« La maison que Confu possède
à Tcherkin, est située sur le bord
d'un précipice qui prend son nom
de la montagne d'Amba Tcherkin.
Cette maison est entièrement cons-
truite de cannes très-artistement ar-

rangées. Les roseaux qui forment l'enceinte extérieure , sont si bien joints , qu'il est impossible que la pluie , ni le vent passe à travers. L'entrée est tortueuse , difficile , et à moitié chemin du rocher. Elle fait face au midi. Du côté du levant, jaillit une très-belle source ; qui fournit d'excellente eau dans la maison. Cependant cette maison , quoique presque inaccessible , n'est pas facile à défendre, et elle offre peu de sureté à son maître , parce que les Shangállas peuvent aisément y mettre le feu , en attachant au bout de leurs flèches de la filasse enflammée , ou quelque autre matière combustible. Les Abyssins peuvent également la détruire à coups de fusil , en envelop-

pant leurs balles dans du coton.
Les appartemens de cette maison
ont garnis de tapisseries et de
tapis.

« Les environs de Tcherkin sont
remplis de gibier de toute espèce.
On y trouve aussi beaucoup d'é
léphans , de rhinoceros , et prin-
cipalement un grand nombre de
buffles , qui, pour la forme , ne dif-
fèrent en rien des buffles d'Egypte
et d'Europe , mais qui sont infi-
niment plus féroces et plus dangereux. Ils attaquent les voyageurs
et les chasseurs ; et il faut beaucoup d'adresse pour leur échapper.
Il semble, en même temps , qu'ils
ne cherchent que leurs aises et leur
plaisir. Couchés à l'ombre des arbres les plus épais , et au bord de

l'eau, car ils en boivent beaucoup,
ils dorment profondément pendant le jour. La chair de la femelle est excellente, quand elle est
grasse : mais celle du mâle est dure,
maigre, et d'un goût désagréable.
Les cornes de ces animaux sont
employées à différens usages par
les tourneurs Abyssins, ouvriers
très-adroits.

« Quoique nous fussions tous heureux sur la montagne enchan-
teresse de Tcherkin, l'esprit ar-
dent d'Ayto Confu ne lui permit
pas de jouir long-temps du repos.
Il étoit venu pour chasser l'éléphant, et il ne vouloit pas différer
sa chasse. Tous ceux qui avoient
quelqu'expérience dans cet exer-
cice, s'étoient rassemblés de fort

loin. On avoit apporté du Kouara,
un grand nombre de paquets de
superbes cannes dont on fait des
javelines. Toute la maison de mon
jeune ami étoit occupée à y faire
des pointes de la manière que l'on
croyoit la plus avantageuse. Pour
moi, je ne pus voir tous ces préparatifs, sans éprouver le desir de
partager un si noble amusement.

« Le 6 janvier (1772), nous montâmes à cheval, une heure avant
le jour. Nous étions une trentaine
de la suite d'Ayto Confu, sans
compter un autre parti de cavaliers et de gens de pied, qui
font leur principale occupation
de la chasse de l'éléphant. Ces
chasseurs vivent continuellement
dans les bois. Ils ne connoissent

presque

presque pas l'usage du pain, et ils ne
se nourrissent que de la chair des
animaux qu'ils tuent. Ils sont extrêmement adroits, légers, agiles,
soit à cheval, soit à pied. Leur
peau est très-brune; mais très-peu
d'entr'eux sont tout-à-fait noirs.
Leurs cheveux ne sont point laineux, et leurs traits ressemblent
assez à ceux des Européens. On
les appelle Agageers, nom qui ne
leur vient point de leur nation,
mais de leur profession. Ce mot,
qui vient d'Agar, signifie couper le
jarret avec une arme tranchante,
ou plutôt couper le nerf du talon.
Il caractérise véritablement la manière dont on tue les éléphans, ma-
mère que je vais décrire en peu
de mots.

Tome VII.   M

« Deux hommes montent ensemble sur le même cheval. Ils doivent être absolument nus, parce qu'il ne faut pas que le moindre vêtement puisse s'accrocher aux branches des arbres et des buissons, quand ils veulent fuir devant leur vigilant ennemi. Un de de ces cavaliers, placé sur le devant du cheval, tantôt ayant une selle, tantôt n'en ayant point, tient un bâton court, de la main droite, et de l'autre, la bride du cheval qu'il manie attentivement. Son camarade est armé d'un large sabre, pareil aux sabres esclavons. Il en tient la poignée aussi dans sa main gauche. Quatorze pouces de la lame sont bien recouverts avec de la ficelle ; ainsi, il peut empoigner cette partie, sans se blesser ; et quoique l'arme soit affilée comme un rasoir, il la porte sans fourreau.

« Dès qu'on a découvert l'éléphant, l'homme qui conduit le cheval s'avance droit à lui, le plus près qu'il est possible, ou si l'animal fuit, le chasseur lui barre le chemin en toutes directions, et en criant avec force : « je suis « un tel, ou un tel. C'est-là mon « cheval qui porte tel nom. J'ai tué « votre père dans tel endroit, et « votre grand-père dans tel autre. A « présent je viens pour vous tuer. « Vous n'êtes qu'un âne, en com- « paraison de vos pères. » — Le cavalier croit réellement que l'éléphant comprend ces paroles insensées, parce qu'irrité du bruit

M 2

qu'il entend, l'animal cherche aussitôt à frapper avec sa trompe, l'objet qui l'importune, et parce qu'au lieu de se sauver, comme il le pourroit, il poursuit le cheval, qui tourne et retourne sans cesse autour de lui. Après l'avoir fait ainsi tourner deux ou trois fois, le cavalier, toujours galopant, le serre de plus près, et en passant, il laisse glisser à terre, son second, qui, tandis que l'éléphant est occupé du cheval, lui donne adroitement un coup de son sabre sur le haut du talon, et lui coupe le nerf, qui, dans l'homme, est appelé le tendon d'Achille.

« C'est là le moment difficile, car il faut qu'aussitôt le cavalier revienne en arrière, pour reprendre son compagnon, qui s'élance sur la croupe du cheval. Tous deux poursuivent alors, avec une extrême vîtesse, les autres éléphans, s'ils en ont fait écarter plusieurs. Quelquefois même un habile Agageer en tue jusqu'à trois dans un même troupeau. Si le sabre est bien affilé, et que l'homme n'ait pas peur en donnant son coup, le tendon est entièrement séparé, ou s'il ne l'est pas, l'animal, par son poids, a bientôt achevé de le casser. Quoi qu'il en soit, l'éléphant ne peut plus avancer d'un pas, et les cavaliers revenant vers lui, le percent à coups de javelines, jusqu'à ce qu'il tombe et qu'il expire en perdant tout son sang.

« L'Agageer qui étoit le plus près

de moi, coupa le tendon d'un éléphant, et laissa l'animal debout.
Ayto Confu, Ayto Engedan, Guebra Mariam et plusieurs autres, per-
cèrent avec leurs lames, une autre
bête à laquelle l'Agageer n'avoit
fait encore aucune blessure. Cependant mon chasseur, après avoir
réussi, comme je viens de le dire,
auprès d'un premier éléphant, en
manqua un second; et se trouvant
à l'entrée d'un bois, il reçut un
coup terrible d'une branche d'arbre, que l'animal avoit fait plier
par son poids, et qui se relevant,
jeta les deux cavaliers à terre et
blessa le cheval. C'est là, ce qu'il
y a de plus périlleux dans cette
chasse. Quelquefois des arbres qui
sont secs et cassans, tombent sous

la pression de l'énorme animal qui les heurte , en courant avec une extrême rapidité ; et leur chûte écrase les chasseurs , ou leur ferme le passage : mais la plupart des arbres d'Abyssinie ont beaucoup de sève , et plient sans se rompre , ce qui n'est pas moins dangereux ; car souvent , en se redressant , ils frappent si rudement les chevaux et les cavaliers , qu'ils les mettent en pièces. Quelque adroits que soient les chasseurs , l'éléphant les attaque aussi par fois , avec sa trompe ; et d'un seul coup , terrassant le cheval, il lui met le pied dessus , et lui arrache tous les membres , les uns après les autres.

« Il ne nous restoit plus à vaincre que deux éléphans. C'étoient une

femelle et son faon. Les Agageers les
auroient volontiers laissés tranquilles, parce que les dents de la
femelle étoient très-petites, et que
le jeune éléphant n'avoit aucune
valeur, sa chair n'étant pas même
bonne à faire sécher : mais nos
jeunes chasseurs ne vouloient point
se borner à ce qu'ils avoient déja.
Ayant observé le lieu, où les
deux bêtes s'étoient retirées, ils
les poursuivirent avec ardeur. La
femelle fut bientôt blessée par les
Agageers; et tous les chasseurs vinrent, l'un après l'autre, lui lancer
leurs dards : mais à notre grand
étonnement, le faon, qui s'étoit
d'abord enfui, sans qu'on le pour-
suivît, parut tout-à-coup et fondit
avec fureur sur les hommes et

les chevaux. Je fus surpris et véritablement touché de l'extrême sen-
sibilité de ce jeune animal, qui
voyant sa mère blessée, essaya de
la défendre, aux dépens de sa propre vie. Je criai alors à mes compagnons d'épargner la mère : mais
il n'étoit plus temps. Le jeune éléphant m'attaqua plusieurs fois moi-
même. Je l'évitai sans peine ; et je
me félicite encore, quand je pense
que je ne cherchai point à lui faire de
mal. Cependant Ayto Angedan ne
fut pas aussi modéré que moi. Le
faon l'ayant légérement blessé à la
la cuisse, il le perça de sa lance.
Plusieurs autres chasseurs le frap-
pèrent aussi ; et il tomba à côté de
sa mère, qu'il avoit si courageusement voulu venger. Ce jeune

éléphant étoit à-peu-près de la hauteur d'un âne, mais bien plus gros, bien plus massif. Il n'est pas douteux que dans sa fureur, il n'eût cassé la jambe à un homme ou à un cheval, s'il eût pu l'atteindre avec sa trompe.

« Après cette chasse, nous allâmes à la poursuite des rhinoceros et des buffles : mais quoiqu'il y en eût beaucoup dans les environs, nous ne pûmes pas en trouver. Le bruit que nous avions fait le matin, en combattant les éléphans, les avoient sans doute engagés à se cacher. Nous nous rassemblâmes le soir auprès d'un grand feu, et nous passâmes la nuit sous les arbres. Je vis là de quelle manière on s'y prend pour arracher les grandes

dents de l'éléphant. On mit les mâ-
choires sur le feu ; on les fit rôtir,
jusqu'à ce que la partie creuse et
mince des dents, c'est-à-dire, la
partie la plus proche de la racine,
fût presque entièrement consumée.
Alors les dents cédèrent aisément.
Il faut observer que quand on n'en
brûleroit pas le bas, il n'auroit
aucune valeur.

« Le lendemain, à la pointe du
jour, nous montâmes à cheval,
pour aller à la poursuite des rhinoceros, que nous avions entendu mu-
gir en grand nombre, aux approches
du matin. Les Agageers se joignirent
à nous ; et après que nous eûmes
cherché environ une heure, dans
le plus épais du bois, un rhinoceros sortit tout-à-coup et traversa

la plaine, avec une extrême violence, pour gagner un champ de
cannes, qui étoit à près de deux
milles de distance : mais quoiqu'il
courût avec une étonnante rapidité,
vu l'énormité de sa masse, il fut
bientôt percé de trente ou quarante
javelines, ce qui lui fit changer sa
course. Au lieu d'entrer dans les
cannes, il pénétra dans le creux
d'un etroit ravin, où il n'y avoit
point d'issue, et en s'y enfonçant,
il brisa une douzaine des javelines
attachées à son corps. Nous le crûmes pris là, comme dans une trape,
puisqu'à peine il avoit assez de place,
pour pouvoir se retourner. Un esclave qui étoit sur la hauteur, lui
tira un coup de fusil à la tête, et
l'animal tomba aussitôt, comme
s'il

s'il étoit mort. Tous ceux de nos gens qui étoient à pied, sautèrent dans le ravin, armés de leurs coutelas, et ils commençoient à frapper le rhinoceros, quand il se releva sur ses genoux. Heureusement un des Agageers lui perça aussitôt le nerf de la jambe de derrière, sans cela les chasseurs auroient passé un très-mauvais moment.

« Tandis que nous étions rassemblés autour du rhinoceros, le Billetana Gueta Ammonios vint nous joindre, et il nous apprit qu'un message du roi avoit obligé l'Azage Kyrillos à s'en retourner à Gondar. Il nous dit aussi que deux envoyés de l'Iteghé étoient arrivés, l'un portant un message pour Ayto

Confu, l'autre pour Ozoro Esther,
et que celle-ci, en conséquence,
ordonnoit à son fils de quitter la
chasse. Il fallut obéir. Cependant
Ammonios vouloit prendre part à
nos amusemens, et nous convînmes
de nous en retourner en continuant
à chasser ; et sans trop nous pres-
ser.

« A peine avions-nous fait quelques pas, qu'il partit entre Engedan et moi, un sanglier, qu'à
l'instant je tuai d'un coup de jave-
line. Un quart d'heure après un
second se leva devant Engedan,
et il eut le sort du premier. J'a-
vois été accoutumé à cette sorte
de chasse pendant mon séjour en
Barbarie, et j'y étois bien plus
adroit que les Abyssins. Cela me

mit un peu de pair avec mes compagnons, qui n'avoient pas manqué
de plaisanter beaucoup de ce que
mon cheval refusoit de s'approcher des éléphans et des rhinoceros, Cependant, personne ne voulut emporter les sangliers que je
venois de tuer. Les Abyssins re-
gardent ces animaux comme im-
mondes.

« Notre chasse sembloit ne devoir nous promettre que du plaisir.
Nos chevaux étoient un peu essouf-
flés, mais non pas fatigués ; et quoique nous eussions repris le chemin du logis, nous n'en étions pas
moins attentifs à chercher de quoi
nous exercer encore. Ammonios
marchoit à notre gauche, parmi
les halliers et les grands arbres,

qui ombragent les bords de la rivière de Bedowi, rivière qui forme là plusieurs bassins très-profonds. Soit qu'Ammonios eût attaqué un buffle, qui avoit passé près de nous, soit que ce buffle eût attaqué Ammonios, celui-ci le blessa légérement à la croupe : mais en revanche, l'animal renversa d'un coup de corne, et l'homme et le cheval. Heureusement que le manteau d'Ammonios se détacha, et que le buffle s'amusa à le mettre en pièces, puis à fouler le cheval sous ses pieds : mais dès qu'il vit l'homme se relever, il courut à sa poursuite. Ammonios se mit derrière un gros arbre, et ensuite il en choisit un autre encore plus gros. Le buffle tournoit autour de l'arbre, en ser-

rant Ammonios de fort près; et
il y avoit apparence qu'il alloit le
percer d'un coup de corne, parce
que le pauvre Abyssin n'étoit pas
accoutumé à se remuer très-vive-
ment. Ayto Engedan, qui étoit
assez près de lui, et qui auroit pu
le secourir, s'amusoit à rire aux
éclats, de la figure d'un homme,
ordinairement fort grave, qui étoit
tout nu, et se remuoit avec une
sorte de légéreté ; et en même
temps, il appeloit Confu, pour
qu'il vînt jouir du même plaisir que
lui.

« Dès que j'eus entendu les cris
d'Engedan, je courus à l'endroit
où il étoit. J'avoue que je ne pus
m'empêcher de rire aussi de la mine
que faisoit notre pauvre ami, en

épiant attentivement les moindres
mouvemens de l'animal qui le pres-
soit toujours plus. Engedan me
cria, sitôt qu'il m'aperçut: « Ya-
« goubé, au nom du Christ et de la
« Vierge Marie, ne faites rien, jus-
« qu'à ce que Confu soit arrivé. »
Confu vint bientôt et rit encore plus
qu'Engedan, et sans chercher à dé-
barrasser Ammonios. Au contraire,
« il lui cria : Fort bien, Ammonios!
« Je n'ai jamais vu de combat mieux
« assorti. »

Cependant le malheureux, fuyant
toujours d'un arbre à l'autre, étoit
arrivé très-près de la rivière ; et les
buissons, mais sur-tout l'attention
qu'il avoit à se garantir de la corne
du buffle, l'empêchèrent de remar-
quer combien les bords en étoient

élevés. Il n'y avoit rien de plus plai-
sant que de le voir embrasser l'arbre, derrière lequel il se réfugioit,
et regarder tantôt d'un côté, tantôt
de l'autre, pour découvrir par où
l'animal vouloit l'attaquer. Il avoit
raison d'être attentif, car le buffle
irrité frappoit du pied la terre, et la
faisoit voler au loin. « Seigneur, »
dis-je alors à Ayto Confu, « il seroit
« bien affligeant que ce jeu finît par
« nous obliger à emporter le corps
« d'Ammonios, tué au milieu de
« nous, sans que nous eussions essayé
« de le défendre. » En achevant ces
mots, je me glissai par derrière les
arbres, d'où je criai à Ammonios
de se jeter dans la rivière, pendant
que je frapperois le buffle; et comme
je vis que l'animal tournoit la tête

d'un autre côté, je lui enfonçai dans
le bas du ventre, une lance, qui
lui perça les intestins, et lui sortit
du corps, de plus d'un pied. Cette
lance n'étoit pas très-grosse par le
bout : mais elle avoit le fût d'un
bois dur et fort, que l'animal ne
put pas casser en se frottant contre
les arbres et les buissons. Tandis
qu'il se débattoit ainsi, Ammonios
s'échappa et se jeta dans l'eau. Mais
il y avoit un autre danger que je
n'avois pas prévu : la rivière étoit
profonde, et Ammonios ne savoit pas
nager. Il se seroit infailliblement
noyé, s'il n'avoit pas eu le bonheur
de saisir les racines d'un arbre qui
étoit très-près de la rive, et il resta
là, délivré de son ennemi, jusqu'à ce que nos gens allassent l'en

retirer, et le missent enfin en sureté.

« Cependant, le buffle, mortellement blessé, et ne voyant plus
son premier ennemi, tourna toute sa
fureur contre nous, dont il étoit
à quarante pas de distance. Il ac-
couroit pour frapper le cavalier le
plus près de lui, quand Ayto Confu
ordonna à deux de ses gens de tirer
chacun un coup de fusil à la tête de
l'animal, qui aussitôt tomba roide.
Les deux premiers buffles, que
nous avions tués, étoient des fe-
melles, mais celui-ci étoit un mâle,
et même un des plus gros que j'eusse
jamais vus. Quoiqu'il ne fut point
gras, je jugeai qu'il devoit peser
au moins de trois cent cinquante
à quatre cents livres. Ses cornes

avoient environ cinquante-deux
pouces de longueur, en prenant
depuis la racine et en suivant leur
courbe. Leur circonférence étoit de
neuf pouces; et elles étoient plates
et non pas rondes. Ayto Confu fit
couper la tête de ce buffle, et en fit
bien ôter toute la chair; après quoi,
il la suspendit dans sa galerie, parmi
plusieurs trompes d'éléphans, et
plusieurs cornes de rhinoceros, qui
en faisoient déja l'ornement. Il y
mit cette inscription en langue abys-
sinniène : « Yagoubé tua ce buffle
« au bord du Bedowi. »

« Nous étions déja à la vue de la
maison de mon ami, où nous nous
rendîmes sans chasser davantage.
Ni les plaisanteries de nos jeunes
gens, ni leurs consolations ne

purent arracher un seul mot à Ammonios. Je lui demandai s'il étoit
blessé, et il ne me répondit que
par ce passage de l'Ecriture Sainte
qu'il lisoit sans cesse : « Celui qui aime
« le danger, périra au milieu du dan-
« ger. » Cependant, le soir, Ozoro
Esther parut fâchée contre son fils ;
mais Ammonios qui aimoit sincè-
rement Confu, ne voulant pas lui
causer du désagrément, reprit son
humeur ordinaire, et fit, par ce
moyen, renaître le contentement
dans toute la compagnie.

« Le jour que nous étions partis
pour la chasse, il arriva du Ras el
Feel des chameaux que Yasine m'en-
voyoit pour transporter mon bagage ; car à Tcherkin on ne se sert que
de mulets. Les conducteurs de ces

chameaux me dirent que les Shangallas étoient descendus vers les
bords du Tacazzé : ainsi c'étoit
l'instant de passer sans crainte.

« Le 8 janvier 1772, je déter-
minai la latitude de Tcherkin-
Amba, par 13° 7' 75'' nord. »

« Quoique je fusse prêt à partir
dès l'instant où j'eus achevé mes
observations, je me vis cependant
obligé de promettre à mes amis de
rester avec eux, jusqu'au 15, parce
qu'Ozoro Esther, et sa société ne
devoient reprendre le chemin de
Gondar que le 16. Mais je ne con-
sentis à ce retard, qu'à condition
qu'on ne me retiendroit pas davantage. Le roi avoit recommandé
à mes amis de faire un pareil accord avec moi, si je persistois absolument

solument à vouloir m'en aller ; et les choses étant ainsi arrangées, nous nous abandonnâmes à la joie et au plaisir.

«Le 15 janvier, à huit heures du matin, nous partîmes de Tcherkin; et en quittant la ville, nous entrâmes dans un bois. Nous marchions lentement, car nos chameaux étoient excessivement chargés. La route ne nous offrit rien d'important jusqu'au 17 que nous arrivâmes à Sancaho, ville qui étoit anciennement frontiére d'Abyssinie. Elle renferme trois cents maisons, très-proprement construites avec des cannes. Les feuilles de ces joncs servent aussi à couvrir les toits, et sont artistement arrangées.

«Le 18, nous quittâmes cette

Tome VII. O

ville, à huit heures du matin ; et à
deux heures et demie, nous campâmes près de la grande rivière de
Tokour-Ohha, c'est-à-dire, la rivière noire. Elle est fameuse par
l'immense quantité de buffles, qu'on
trouve sur ses bords, et qui y viennent sans doute, par rapport aux
grands arbres qui les ombragent.
Ces arbres sont d'un bois rouge et
très-dur, qu'on appelle Adengui
Sibbar, ou casseur de pierres.

« Le 19, à six heures trois quarts,
nous nous remîmes en route ; et au
bout d'un quart - d'heure de marche, nous retrouvâmes le Tokour-
Ohha. Depuis l'instant où nous
quittâmes ses bords, nous fûmes
suivis, ou plutôt précédés par un
lion, car il marchoit sans cesse à une

portée de fusil devant nous ; et toutes les fois qu'il arrivoit dans quelque endroit découvert, il s'arrêtoit, nous regardoit et grondoit, comme s'il avoit intention de nous disputer le passage. Nos animaux trembloient, étoient couverts de sueur, et nous pouvions à peine les faire marcher. Comme il n'y avoit qu'un seul moyen de nous défaire de cet ennemi, je pris un long fusil turc, et m'étant avancé le plus qu'il me fut possible, sans qu'il me vît, je l'ajustai si bien que je lui mis une balle dans le milieu du corps. L'animal étoit sur une hauteur et tomba roide mort dans le milieu du chemin. Nous reconnûmes alors que c'étoit une femelle très-grande. Tous les habitans de ces contrées mangent de la chair de lion.

« Le 20 , nous ne fîmes qu'un mille et demi de chemin. Nous et nos animaux, nous étions également fatigués. Nos vêtemens avoient-été mis en pièces par les branches des arbres et par les buissons.Guanjouk, le lieu où nous nous arrêtâmes, est arrosé par une jolie rivière ; et la situation en est délicieuse. On y voit plusieurs bosquets d'arbres très-élevés , entre lesquels sont des plaines superbes , dont une partie est cultivée en coton. On y trouve beaucoup de gibier , et sur-tout de pintades ; et les arbres sont couverts de perruches de toutes couleurs et de toutes espèces. Je n'y vis pourtant point de perroquets , et j'imagine qu'il n'y en a point : mais

ayant tiré un coup de fusil, il s'é-
leva tant d'oiseaux différens, et ils
firent tant de bruit, les uns volant
du côté où le coup avoit été tiré,
et les autres s'enfuyant, qu'ils nous
assourdirent au point de nous
empêcher de nous entendre nous-
mêmes.

« Nous ne partîmes de Guanjouk
que le 22, à six heures, trois quarts
du matin ; et à trois heures et demie
nous arrivâmes à Hor-Cacamout.
Hor signifie dans la langue du
pays, le lit profond d'un torrent
qui est à sec; et Cacamout veut
dire l'ombre de la mort, dénomi-
nation qui ne pouvoit être que d'un
mauvais présage, pour de foibles
voyageurs comme nous.

« Le 17 mars, nous partîmes

de ce lieu, pour nous rendre à Teawa, capitale de l'Atbara. Il s'é- toit joint à notre petite caravane, onze hommes, tout nus, qui con- duisoient des ânes chargés de sel. A trois heures après midi, nous campâmes à Falati, village du côté de l'est du Ras el Feel, mais un peu au nord. Son nom signifie la pau- vreté.

« Nous nous remîmes en route, le 18, à six heures et demie du matin. Nous marchions alors dans des bois presque impénétrables, et remplis de buissons et d'arbres épi- neux. Au bout de deux heures, nous traversâmes un lit de torrent qui étoit en apparence desséché ; mais en écartant le sable, avec nos mains, nous trouvâmes de l'excel-

lente eau , en abondance , ce qui
étoit dû , sans doute , à des rochers,
qui mettent cet endroit à l'abri
du soleil. Ce torrent s'appelle Surf
el Shehk. Comme on ne trouve
que fort peu de bonne eau entre
cet endroit et Teawa, nous rem-
plîmes là nos girbas.

« Une girba est une peau de bœuf
coupée carrément , dont on fait
une outre bien cousue par une double couture , presque semblable
à celle des meilleurs ballons anglais,
de manière qu'elle ne laisse point
échapper d'eau. Il y a au haut de
la girba une ouverture pareille au
trou, qui est au-dessus d'un baril.
Tout autour de cette ouverture,
le cuir est plissé et prolongé d'environ quatre travers de doigt , et

quand l'outre est pleine , on noue
bien ce cuir , avec de la ficelle·
Deux girbas font la charge d'un
chameau , et chacune contient
environ deux cent quarante pintes.
On les graisse bien au-dehors , afin
d'empêcher l'eau de couler , ou
de s'évaporer.

« Yasine nous avoit fourni un
chameau et deux girbas , comme
aussi toutes les autres provisions ,
dont nous avions besoin , pour nous
rendre à Teawa. Surf el Shehk sert
de borne au Ras el Feel. Ce fut
là que je dis un tendre adieu , à
mon ami , à ce même Yasine , qui ,
en se séparant de moi , me témoigna, ainsi que tous les siens, le même
attachement, la même affection ,
qu'il m'avoit montrés depuis le pre-

mier instant que nous nous étions connus.

« Soliman cet ancien et fidèle domestique , qui avoit porté ma première lettre à Hagi Belal , (1) et à qui j'avois fait assurer une place chez le roi d'Abyssinie , voulut absolument m'accompagner et mourir avec moi , si telle étoit ma destinée, ou bien obtenir la récompense qui lui avoit été promise , s'il rapportoit à Gondar la nouvelle de mon heureuse arrivée dans la capitale des Funges. A mon départ , je fis présent à Yasine d'un de mes chevaux et de la cotte de mailles que je portois ordinairement. Ozoro

(1) Correspondant de M. Bruce à Sennaar.

Esther m'en avoit donné une autre , qui avoit appartenu au roi Yasous , et dont je n'aurois pu revêtir Yasine , homme d'un rang inférieur et mahométan , sans faire affront à la princesse de qui je la tenois. Aussi, avant de partir, je la cédai, avec son agrément , à Ayto Engedan , petit-fils de Yasous.

« Il étoit plus de sept heures et demie du soir , quand nous arrivâmes à Engaldi , grand bassin qui a plusieurs centaines de pas de long et trente pieds de large. Les Arabes l'ont creusé pour recueillir l'eau de pluie , parce qu'ensuite, ils campent sur ses bords. Ce bassin étoit presque à sec ; et ce qui restoit d'eau , avoit une odeur infecte.

« A onze heures et un quart,
nous arrivâmes à Quaicha, où est
le lit d'un torrent que nous trouvâmes à sec. Le bois est plus épais
dans les environs, et il est rempli
de bêtes féroces, mais sur-tout
d'hyènes et de lions. Ces animaux
ne fuyoient point, comme ceux
que nous avions vus jusqu'alors.
Ils venoient au contraire fièrement
vers nous, comme s'ils avoient été
prêts à nous attaquer; et les hyènes
étoient toujours les plus audacieuses.
Nous nous en délivrâmes, quelque
temps en allumant du feu, mais le
matin, ils revinrent en plus grand
nombre. Un lion emporta un de
nos ânes. Une hyène attaqua un
homme, lui déchira ses vêtemens
et le blessa au dos. Nous nous

crûmes à l'instant d'être dévorés.
Je tirai deux coups de fusil, et
j'ordonnai à mes gens de tirer aussi
deux gros mousquetons, ce qui
écarta nos assaillans.

« Nous partîmes de Quaicha ;
le 19 mars ; un peu avant quatre
heures du matin. A onze heures
et demie, nous gaguâmes Imserrha ;
que nous quittâmes, le 20, à six
heures du matin, pour nous rendre à Raschid. Nous marchâmes
avec la vîtesse de gens qui cherchent à sauver leur vie. Le sémoum,
c'est-à-dire, le vent chaud, nous
avoit frappés, peu après notre
départ d'Imserrha ; et toute notre petite caravane, excepté moi,
étoit extrêmement affectée de la
vapeur empoisonnée qu'apporte ce
vent,

vent. Il y a , je crois, cinq milles d'Imserrha à Rashid ; et quoique ce soit une des plus dangereuses stations qu'on puisse trouver entre le Ras el Feel et le Sennaar , nous étions si fatigués , nous avions l'estomac si débile et de telles douleurs de tête , que nous n'eûmes pas le courage de planter notre tente : mais chacun de nous, s'enveloppant dans son manteau, essaya de dormir à l'ombre fraîche des grands arbres.

« Nous partîmes le 21 , à deux heures du matin , et nous arrivâmes à Imhanzarrha , un peu après huit heures. Dans ce trajet, nous marchâmes toujours, droit au nordouest et au quart nord-ouest. Imhanzarrha est , ainsi que Rashid, un endroit où les Arabes Daveinas

Tome VII. P

ont coutume de camper. On y a
creusé des mares, qui ont de vingt
à trente pieds de profondeur, et
au moins soixante pas de longueur.
Elles étoient à notre passage, presque entièrement à sec. Il n'y en
avoit qu'une seule, dans laquelle il
restoit environ un pied d'eau. Ces
mares étoient entourées d'acacias
et de jujubiers : mais les fruits de
ces derniers arbres étoient flétris
et desséchés par le soleil, et la
terre en étoit parsemée.

« Ce jour là étoit le cinquième
depuis notre départ ; et nous marchâmes cinq heures avec beaucoup
de diligence, vu l'état de foiblesse où
nous étions. Cependant, nous ne
fîmes pas plus de sept ou huit milles.
Je voyois clairement que nos che-

vaux, nos chameaux, nos mulets
n'étoient pas moins affectés que
nous du terrible soufre du sémoum.
Ces animaux burent long-temps et
à plusieurs reprises; mais plus ils
buvoient, plus ils sembloient malades.

« D'après plusieurs circonstances,
nous jugeâmes que l'on avoit campé
depuis peu dans le lieu où nous
étions. Nous fûmes fort alarmés de
cette découverte ; et nous partîmes
d'Imhanzarrha, à quatre heures du
soir, dirigeant notre route, presque au nord-ouest. A huit heures,
nous étant aperçus que nous nous
trompions de chemin, nous fîmes
halte dans un bois. Qu'on juge de
notre inquiétude, nos girbas avoient
perdu presque toute leur eau. Quoi-

que nos gens fussent malades, nous
nous remîmes en marche à onze
heures : mais nous ne fîmes qu'errer
dans le bois , jusqu'à trois heures
du matin que nous fûmes obligés
de nous arrêter de nouveau. Je crus
alors que nous étions véritablement perdus. Je fis examiner encore nos girbas. La plus grande ,
que nous avions remplie à Rashid,
étoit totalement vide. Une autre ,
dans laquelle nous n'avions mis
qu'un peu d'eau à Imhanzarrha,
parce que cette eau étoit mauvaise,
ne contenoît plus que le limon
qu'elle y avoit déposé. Toute dé-
testable qu'étoit la partie liquide
de ce limon, elle fut bientôt bue.
Ceux de nos compagnons qui con-
duisoient des ânes , voyant nos

grandes girbas , avoient négligé de
remplir leurs petites outres de peaux
de bouc. Les plaintes, les murmures
se firent alors entendre dans toute
la caravane. Nous étant écartés de
notre route, nous ne pouvions pas
savoir si nous étions loin des puits,
et quelques-uns de nos gens osoient
même prétendre que nous les avions
déja passés. Cependant, quoique nous
eussions marché treize heures, je
ne crois pas que nous eussions fait
plus de quatorze milles.

« A cinq heures et demie du matin,
nous nous mîmes en route, le cœur
rempli de désespoir. Dès que l'aube
parut, je pris ma boussole, pour
voir où nous allions. Je trouvai que
c'étoit au nord quart - d'est, et
même un peu plus est. Cette route

P 3

ne me sembloit pas devoir être celle
du Sennaar ; mais un des voyageurs déclara qu'il en connoissoit
le chemin ; que nous ne nous en
étions écartés que de fort peu, et que
nous allions droit au puits. Effec-
tivement nous y arrivâmes, à neuf
heures et demie. Ce puits se nomme
Imgellalib. Il contient beaucoup
d'eau. On y trouve un seau de cuir
et une corde de paille, mais l'eau,
que nous y puisâmes, étoit fort mauvaise. Cependant la crainte de mourir de soif, plus encore que le besoin de se désaltérer, engagea nos
gens à en boire beaucoup ; et malheureusement, ils furent bientôt
punis de leur imprudence. Deux
Abyssins moururent après avoir
bu. L'un étoit un homme, qui ex-

pira sur le champ ; et l'autre, une
femme, qui né lui survécut que de
quelques minutes.

« Pour moi, quoique très-altéré,
je songeai que j'aurois pu supporter
la soif encore plus long-temps, et
je commençai par me bien laver le
cou, le visage, la tête, et le go-
sier. Après m'être rafraîchi de la
sorte ; je satisfis ma soif peu-à-peu.
Je conseillai à mes compagnons de
faire comme moi ; mais ils ne m'é-
coutèrent pas.

« Cette vaste forêt, à travers
laquelle nous marchions depuis
Tcherkin, finit à Imgellalib. Tout ce
pays est extrêmement plane, et
l'eau y est rare. Quoique les bois
soient épais, ils nous ne donnèrent
que fort peu d'ombre. Les chas-

seurs pour rendre leur chasse plus
facile, et les Arabes pasteurs, dans
l'espoir de détruire les mouches,
avoient mis le feu aux herbes et
aux halliers.

« Le soleil étoit alors si près du
zénith, et parcouroit si rapidement
son cercle vertical , que j'étois
obligé de changer à chaque minute,
le tapis sur lequel je m'étois couché
au pied d'un arbre qui me servoit
d'abri.

« Nous partîmes d'Imgellalib ,
après nous être reposés pendant
deux heures , et avoir recouvert
de sable , le corps de nos deux
compagnons de voyage , que nous
venions de voir expirer.

« Il étoit onze heures , quand
nous nous mîmes en route. Nous

marchions dans une plaine vaste et découverte ; et à deux heures après midi, nous arrivâmes à un autre puits appelé Garigana, dont l'eau étoit très - mauvaise et en petite quantité. C'est dans cette plaine qu'est situé Teawa, le principal village de l'Atbara.

« A six heures et un quart, nous arrivâmes dans un autre village, qui portoit le même nom de Garigana, et dont tous les habitans étoient morts de faim l'année précédente. Ces malheureux n'avoient point été inhumés, et leurs os étoient encore épars au milieu des ruines de leur village. Il ne nous fut pas possible de trouver un endroit, où il n'y eût pas quelque reste de cadavre.

« Le 23, nous arrivâmes à Teawa, résidence du Chaik de l'Atbara. La latitude de ce village est par 14° 2′ 4″ nord. Celle de Hor Caca-mout est par 13° 1′ 33″.

« Les forces de Teawa consistoient en vingt-cinq hommes de cavalerie, dont dix étoient revêtus de cottes de mailles. Une douzaine de fusils, que le mauvais ordre dans lequel ils étoient tenus rendoient peu re-doutables, formoit leur artillerie. Le nombre des habitans s'élevoit à douze cents. C'étoient des Ara-bes, nus, indigens, méprisables, pareils à tous ceux qui peuplent les villages, et qui sont bien loin d'égaler en courage, les Arabes qui habitent sous des tentes. Cependant, quelque foible que fût Teawa, c'étoit le siége du gouvernement , et ce lieu paroissoit avoir une sorte d'importance.

« Fidèle , Chaik de l'Atbara , passoit parmi ses gens , pour un homme courageux, mais à Sennaar, on doutoit de sa bravoure.

« Au passage de la petite rivière , nous vîmes venir à nous, un cavalier vêtu d'une grande robe de camelot rouge , et coiffé d'un turban de toile blanche. Ce cavalier étoit suivi d'une vingtaine de gens de pied, presque nus , mais tous armés de lances et de boucliers. Deux petits tambours et un fifre retentissoient devant lui. Cette troupe s'arrêta à peu de distance de nous : mais le chef hésita d'abord à me saluer, parce que j'étois

sur une mule. Je faisois conduire derrière moi , mon cheval sellé , bridé
et couvert d'un grand caparaçon
bleu.

« Soliman, qui le premier accosta
le cavalier , lui dit que la coutume
d'Abyssinie étoit de ne monter des
chevaux, qu'en temps de guerre.
L'Arabe alors mit pied à terre ; je
descendis de ma mule ; et nous
nous saluâmes , avec beaucoup de
civilité. Cet Arabe étoit un homme
d'environ soixante et dix ans ,
ayant fort bonne mine, et portant
une barbe très-longue. Il vouloit
absolument marcher à pied à côté
de ma mule , jusqu'à ce que nous
fussions entrés dans Teawa : mais je
ne le souffris point. Ayant enfin cédé
à mes instances , il s'élança sur son
cheval,

cheval, avec toute l'agilité d'un jeune homme de vingt ans.

« Alors il lui fit prendre différens pas, et lui fit faire différens sauts. C'étoit une très-grande politesse de sa part. Ces sortes de mouvemens ne se font jamais que par de jeunes Arabes devant ceux qui sont plus âgés qu'eux , ou par un inférieur devant son supérieur. Nous passâmes devant une maison qui paroissoit commode ; et l'Arabe ordonna à mes domestiques d'y déposer mon bagage, parce que c'étoit le logement que m'avoit destiné le Chaik. Nous traversâmes ensuite une place d'environ cinquante pas de long , où l'on tient le marché. Mon conducteur me témoigna plusieurs fois, combien il étoit honteux de monter un cheval, tandis qu'un grand comme moi, montoit une mule.

« Un peu au-dessus du marché, nous vîmes le logement du Chaik. c'étoit un groupe de maisons, à un étage, et construites avec des roseaux. Nous entrâmes cependant d'abord, dans une grande salle bâtie en briques. Cet appartement étoit fort propre. Dans le milieu, on voyoit un fauteuil, signe du pouvoir suprême, et qui étoit censé être la place du Chaik. Celui-ci étoit alors assis à terre par humilité, lisant le Koran, ou plutôt feignant de le lire. Il parut surpris de nous voir, et fit un mouvement pour se lever. Je l'en empêchai, et je baisai sa main droite dont je m'étois saisi.

« Le Chaik parut admirer ma taille et l'air de force que j'avois. Il lâcha quelques mots sur les femmes abyssiniennes ; puis il me blâma un peu de m'être exposé à voyager dans un pays ; comme l'Atbara. En revanche, je me plaignis de l'extrême fatigue que m'avoit occasionnée la route, et de tous les maux que nous avions endurés.

« Alors, avec cette politesse naturelle aux Arabes , Fidèle se blâma lui-même d'avoir souffert que je vinsse chez lui , avant de m'être reposé , et il m'assura qu'il n'avoit été déterminé à le permettre , que par le desir de voir un *grand* comme moi. Je me levai pour me retirer, et le

Q 2

Chaik, se levant aussi, me prit par la main, en disant : « Vous « ignorez peut-être les plus grands « dangers auxquels vous avez été « exposé. Votre maure Yasine, est « un voleur plus à craindre que tous « ceux de l'Habesh. Vous avez man- « qué plusieurs fois d'être arrêté. Le « hasard seul a fait que vous ne « l'avez point été, sur-tout à Rashid, « où Yasine avoit posté les Dave- « nias pour vous faire assassiner. « Mais vous avez un cœur pur, et « des mains pures. Dieu vous a « protégé ; et je puis dire aussi, « que de mon côté, je faisois tout « ce qui étoit en mon pouvoir. »

« J'étois debout prêt à sortir, et je ne répondis autre chose au Chaik, que la phrase ordinaire,

|« *Oullah Kerim !* «Dieu est miséri-
«cordieux ! » Soliman qui étoit à
l'autre bout de l'appartement, ré-
péta ces mots, et je vis bien qu'il
m'entendoit. Nous sortîmes ; et le
vieillard qui étoit venu m'accueil-
lir à mon arrivée, me conduisit
à la maison qui m'avoit été pré-
parée. Cette maison ne consistoit
qu'en une seule chambre : mais
elle étoit grande, fort propre, et
placée sur le bord de la rivière. »

« Bientôt des esclaves de l'un et
l'autre sexe, nous apportèrent plusieurs plats de viande, et nous
firent beaucoup de complimens de
la part du Chaik. Quand nous eûmes
achevé de manger, je ne fus pas
peu étonné de voir un jeune homme

Q 3

approcher ses lèvres de mon oreille,
et de l'entendre me dire ; *Seitan
Fidèle ! el Chaik el Atbara, Seitan !*
« Fidèle est un diable ! le Chaik de
« l'Atbara est le diable lui-même ! »

« Nous congédiâmes alors tous
les étrangers , sous prétexte que
nous voulions prendre du repos.
Je demandai à Soliman , ce qu'il
pensoit du Chaik et des discours
que celui-ci m'avoit tenus ? Soliman me répondit :: « C'est un traî-
« tre, qui a trompé Yasine et qui
« cherche à vous faire du mal. » --
Le titre de grand dont le Chaik
m'avoit qualifié; le mal qu'il venoit de dire de Yasine , tandis
qu'il ne lui écrivoit qu'en l'appe-
lant son cher frère ; l'étonnement
qu'il témoignoit , en me voyant

venir à Teawa, après m'avoir fait
assurer si souvent par ses lettres
et ses émissaires, que c'étoit la
meilleure route, et même la seule
praticable; tout enfin sembla devoir ne plus nous laisser douter
que nous étions tombés dans un
piége, et qu'il ne falloit rien moin
que beaucoup de courage, d'activité, et la protection du ciel, pour
nous en tirer. Nous résolûmes
donc, d'expédier pour le Ras el
Feel, un Arabe, qui étoit à notre
disposition et que nous chargeâmes
de prier Yasine d'envoyer à Teawa,
un exprès, qui se présentant comme
de la part du roi d'Abyssinie, ou
d'Ayto Confu, seroit témoin de la
conduite du Chaik Fidèle et de
notre départ.

« Dans la nuit du 24 mars, c'est-à-dire, le lendemain de notre arrivée à Teawa, notre messager partit pour sa destination. Il y arriva promptement : mais Yasine étoit malheureusement allé joindre Confu à Tcherkin. »

« Le 25, je me rendis à quatre heures de l'après midi, dans la maison du Chaik. Le Maure Soliman, Hagi Ismaël, qui étoit Shérif, et mon domestique grec, m'accompagnèrent. Le présent que je fis au Chaik, consistoit en une grande pièce de toile de coton des Indes, d'un fond bleu à fleurs d'or, en une ceinture de soie et de coton, en deux onces de civette, deux livres de muscades, et dix livres de poivre. Il reçut ce don d'un air

gracieux. Je le priai alors de vouloir bien me faire partir le plutôt
possible, et d'ordonner qu'on pré-
parât des chameaux. Il me répondit qu'il avoit envoyé les siens
très-loin, pour les mettre à l'abri
de la mouche : mais que cela ne
l'empêcheroit pas de nous faire
partir, s'il en obtenoit la permission de Sennaar, où il alloit envoyer un exprès la nuit suivante.
Il ajouta qu'on y mettoit toujours
de la lenteur dans l'expédition des
affaires, et qu'en ce moment, on
n'étoit en sureté, ni sur les che-
mins, ni dans la capitale.

« Je répondis à Fidèle que j'étois
d'autant plus étonné de ce qu'il me
disoit, que j'avois en main une
lettre qu'Hagi Belâl avoit écrite

à Yasine et à moi, par laquelle il mandoit qu'on avoit donné des ordres, et au Chaik de Teawa et au Chaik de Beyla, pour qu'ils m'accueillissent amicalement, et me fissent conduire à Sennaar avec promptitude et sureté ; que lui-même, Chaik de Teawa, avoit confirmé toutes ces choses à Yasine, et l'avoit assuré, par une lettre que j'avois lue, que je pouvois venir sans tarder, parce que tout étoit prêt pour accélérer mon voyage.

« Fidèle parut extrêmement surpris. Il leva les yeux et les mains au ciel, et dit qu'il n'avoit jamais écrit à Yasine, à mon sujet, ou du moins qu'il ne lui avoit point écrit, cette année, un seul mot

qui me concernât ; que tout cela
n'étoit qu'une invention de Yasine,
qui sachant que je portois beaucoup d'or, avoit voulu m'envoyer
dans le désert, pour pouvoir me
voler et m'assassiner ; que je devois être bien sûr que ce Maure
avoit imaginé tout ce qu'il m'avoit
dit.

« Soliman ne put pas se conte-
« nir plus long-temps. Il répondit
« au Chaik, que c'étoit lui qui
« mentoit, et non Yasine. « Est-ce
« que vous prétendez me persua-
« der, » ajouta-t-il, « que je n'ai
« pas vu vos lettres ? Nasser et
« Ibrahim, qui en étoient por-
« teurs, n'ont ils pas vécu des
« semaines entières avec nous dans
« le Ras el Feel ? ne les ai-je pas

« vues dans leurs mains, ces lettres,
« avant qu'on ne les ouvrît? ne les
« ai-je pas lues après qu'elles ont
« été ouvertes ? Nasser et Ibrahim
« sont maintenant à la porte. Ap-
« pelez-les, si vous l'osez , et in-
« terrogez - les devant nous. Que
« pensez-vous que puisse dire Ya-
« sine du caractère que vous lui
« prêtez si indignement ? » — « So-
« liman , » répondit le Chaik, d'un
« ton de voix très-doux , « il me
« passe , chaque jour , tant d'af-
« faires et de lettres par les mains ,
« que je puis avoir oublié celle-
« ci. Mais Yasine est mon frère, et
« je ferai pour lui et pour vous,
« tout ce que vous souhaiterez.
« Demeurez ici, seulement cette se-
« maine ; et si mes chameaux ne
                                    « sont

« sont pas de retour, j'en enverrai
« prendre chez les Arabes, par-tout
« où l'on pourra en trouver.

Le 27, le vieux Kaya, qui
étoit venu au-devant de moi, vint
me faire des complimens de la part
de Fidèle. Il me dit, en même
temps, que ce Chaik étoit attaqué
de douleurs d'estomac, et qu'il me
prioit de lui donner quelque médecine, qui pût, et le faire vomir
et lui rendre l'appétit, qu'il avoit
totalement perdu. Le vieillard
ajouta que cela vaudroit mieux
que tous les présens du monde,
pour me faire obtenir ce que je
voudrois. Je le chargeai d'assurer
Fidèle que je ferois ce qu'il me
demandoit.

« Je lui tins parole. Le 28 au

soir, je me rendis chez lui, et je lui fis prendre de l'ipécacuanha, qui eut tout le succès possible. Pendant que Fidèle tenoit la coupe, ses mains trembloient ; et quand il fut au moment de boire, ses lèvres tremblèrent également. Sa conscience lui inspiroit, sans doute, des craintes sur ce que j'étois maître de lui faire éprouver. L'eau chaude que je lui donnai ensuite, et dont il ne connoissoit pas l'usage, en pareille occasion, lui fit tant de bien, qu'il ne pouvoit se lasser de boire. Il m'accabla de remercîmens, et me promit de faire tout ce que je voudrois, à condition que je lui administrerois encore deux ou trois dôses de ma poudre, et que je lui en laisserois, à mon départ, avec des instructions sur la manière de s'en servir.

« Le 29, avant le lever du soleil, le Kaya vint encore me trouver. Il me dit que Fidèle se trouvoit merveilleusement bien ; mais qu'il me prioit de venir le soir chez lui , parce que deux de ses femmes étoient attaquées de la même maladie que lui. Je m'excusai , sous prétexte que c'étoit dimanche , et que je ne sortois jamais ce jour-là pour affaires. Cette excuse fut rendue au Chaik , qui l'agréa. Mais , à midi , une négresse vint m'apporter un message de la part de ses maîtresses , qui avoient pris ma réponse pour un refus. Elles me firent dire qu'elles étoient bien fâchées si l'on ne me servoit pas de

R 2

la viande à mon goût, qu'elles la préparoient elles-mêmes, chaque jour, le mieux qu'elles pouvoient : mais qu'elles la feroient cuire de la manière que je voudrois, si je daignois la leur faire enseigner. Je priai l'esclave de dire à ses maîtresses que le lendemain, je me rendrois près d'elles. Je pris en même temps une petite coupe que je remplis de civette, et que je leur envoyai par cette négresse, à qui je donnai aussi deux poignées de poivre pour elle.

« J'allai donc le 30, au soir, dans la maison du Chaïk, qui me fit beaucoup de civilités ; et je lui demandai s'il étoit guéri. Il me répondit que de la vie, il n'avoit joui d'une aussi bonne santé ; mais qu'il avoit reçu de fort mauvaises nouvelles de Sennaar; que le premier ministre , Mahomet Abou Calec , avoit pris la plus grande partie de la cavalerie et de l'infanterie Nubane ; qu'il s'étoit retiré dans le Korfodan , province très-reculée , et entourée de déserts , où il gouvernoit despotiquement , et annonçoit par ses discours et ses actions qu'il vouloit entièrement s'affranchir de ce qu'il devoit au roi. Fidèle ajouta que le Chaik Adelan , frère puîné du premier ministre , s'étoit mis à la tête du reste des troupes , et campoit à quelques milles de Sennaar , où il agissoit aussi en maître absolu. En finissant, il me dit: « Puisque la « Providence vous a conduit ici,

R 3

« et que vous ne pouvez aller à

« Sennaar, ni retourner en Abys-

« sinie, demeurez avec nous, em-

« brassez la religion mahométane,

« qui est la seule véritable, et je

« vous donnerai ma fille en ma-

« riage.

« Quoique je n'aime guère à

« perdre une gravité qui m'est na-

« turelle, j'affectai en ce moment

« d'éclater de rire, ce qui parut

« mettre le Chaik de mauvaise hu-

« meur. Il me demanda si je riois

« de lui. « Précisément, » lui dis-

« je, « je ris de ce qu'un homme

« comme vous, chargé du gouver-

« nement d'une province, con-

« noît assez peu les gens, pour

« s'imaginer que je serai un renégat.

« Les Abyssins sont chrétiens comme

« moi, et cependant je n'ai jamais
« voulu consentir à demeurer et
« à me marier parmi eux. Quelle
« seroit donc la raison qui me feroit
« changer de religion, me marier
« et vivre dans un pays désolé par
« la misère, par la terreur, la fa-
« mine et l'esclavage ? » — « Ar-
« rêtez, » s'écria le Chaik, « vous
« êtes un fou. Ce climat-ci est mille
« fois plus sain et plus doux que
« celui de l'Abyssinie. Mais puis-
« que vous refusez de suivre mes
« conseils, n'en parlons plus. Venez
« dans mon harem. » — « Très-
« volontiers, » lui répliquai-je. »
« Je me croirai heureux de vous
« rendre, ainsi qu'à votre famille,
« tous les services qui dépendront
« de moi. »

« Nous traversâmes plusieurs appartemens assez bien construits, mais mal meublés, sales et en désordre. C'étoit le logement particulier de Fidèle. Ce logement étoit attenant à une cour que nous passâmes, et à l'extrémité de laquelle étoient plusieurs autres appartemens, plus élégans et mieux tenus, dont les planchers étoient couverts de tapis de Turquie. Je trouvai dans une alcove, une femme du Chaik, couchée à terre, et environnée de plusieurs négresses. Cette femme avoit le visage découvert. Je portai ma main à mes lèvres, puis du bout de mes doigts, je touchai le bout des siens. Pendant ce temps-là, Fidèle étoit allé dans un autre appartement, chercher une autre

femme, qu'il amena s'asseoir auprès de la première. Toutes deux
étoient dans la maturité de l'âge,
et ne paroissoient pas avoir été jamais jolies. L'une d'elles étoit fille
du Chaik Adelan, premier ministre
du roi de Sennaar.

« J'ai besoin de faire beaucoup
« de questions à ces dames, » dis-
« je alors à Fidèle. « Vous serez
« présent, si vous le voulez : mais
« aucune autre personne ne nous
« entendra. Tel est l'usage de mon
« pays. »

« Qu'a-t-il besoin d'être entre
nous et notre médecin? » dit la
« plus âgée des dames. Tout ce qui
« le regarde, c'est de vous payer,
« quand vous nous aurez guéries. »
« — « Que deviendroit-il, si nous

« étions plus malades ? » dit la fille
« d'Adelan. » Il mourroit de faim ,
« car il n'auroit personne pour lui
« apprêter à manger. » — « Et sa
« boisson , qu'il aime encore mieux
« que son manger , qui la lui pré-
« pareroit? » répondit la première.
« Allons, allons, » dit alors Fidèle,
« d'un ton fort gai ; « nous vous
« connoissons, Hakim , vous n'êtes
« pas comme nous. Faites à ces
« dames toutes les questions qu'il
« vous plaira. Je ne veux, ni ne
« prétends y être présent. Je les
« entends assez me contredire toute
« la journée. » — « Sortez-donc ,
« lui dis-je , « ainsi que toutes ces
« femmes inutiles. Il faut qu'il ne
« reste que deux ou trois des es-
« claves qui sont le plus accoutu-

« mées à servir leurs maîtresses. »

« Le Chaik ne parut pas embarrassé de faire sortir les autres. Il
saisit un petit fouet, et bienheu-
reuses furent celles, qui purent les
premières gagner la porte. J'aperçus, au milieu de toutes ces femmes,
une jeune personne, couverte de
la tête aux pieds. Fidèle la prit par
la main, et la fit rentrer en lui
disant : « Viens, Aiscach ! » après
quoi il s'en alla.

« Je me garderai bien de rapporter ici les questions que je fis aux
deux épouses du Chaik, non plus
que les choses dont elles se plaigni-
rent. Ce sont des secrets que je ne
révélerai point quoique je sois très-
loin de l'Atbara. l'ipecacuanha que
j'employai, réussit à merveille :

mais pendant que je l'administrois,
je remarquai que la jeune Aiscach
ôtoit son voile, et le laissoit tomber jusques sur ses épaules. Je fus
frappé de l'extrême beauté de cette
jeune personne. Elle n'avoit point
les cheveux laineux. Au contraire,
elle les avoit fort longs, et en très-
grande quantité. Ils étoient tressés
et roulés autour de sa tête, en
forme de couronne, et ornés de
grains de verrotterie et de petits
coquillages blancs. Aiscach avoit
aussi des pendans d'oreilles d'or
uni, et une chaîne aussi d'or,
qui lui faisoit trois ou quatre fois
le tour du cou, et à laquelle étoient
pendus beaucoup de sequins. Pour
unique vêtement, elle portoit une
chemise bleue, qui n'étoit ni étroite,

ni

ni rigoureusement fermée par le haut,
et qui lui descendoit jusqu'aux pieds,
Ses traits charmans eussent pu servir de modèle à un peintre jaloux de
trouver une beauté parfaite. Elle
avoit cependant le teint fort brun,
parce que sa mère, la plus âgée des
deux femmes du Chaik, étoit Arabe,
de la tribu de Jehainas.

Les dames s'aperçurent bientôt à quel point j'étois ému. La
fille d'Adelan me dit : « Vous avez
« resté si long-temps en Abyssinie
« que vous devez faire bien peu
« de cas des femmes de l'Atbara.
« On dit que les femmes d'Europe
« sont si blanches, qu'elles l'em-
« portent en beauté sur toutes celles
« du reste du monde. » — « Je n'ai
« jamais été moins persuadé de cela

«qu'à présent, » lui répondis-
« je, et je vois bien que vous
« vous en apercevez. » — « Oui,
«oui, « dit la mère de la jeune
« personne. « si Aiscach étoit ma-
« lade, vous prendriez plus de
« soin d'elle que de nous. » — « Par-
« donnez-moi, madame, « répliquai-
je, « si la belle Aiscach étoit malade,
« je sens que je serois si affligé que je
« n'aurois pas la force de la soigner.»

« Le 31 mai, Fidèle insista pour
que je lui donnasse une nouvelle
dose d'ipecacuanha. M'étant rendu
chez lui, à l'heure accoutumée, je
lui demandai d'abord des nouvelles
de ses femmes, et il se contenta de
me répondre qu'elles se portoient
bien. Avant que je sortisse, il me fit
servir du café, puis il me dit qu'il

avoit appris que j'avois arrangé, dans différentes caisses deux mille onces d'or, avec beaucoup de riches étoffes et plusieurs autres objets précieux ; que comme tout cela étoit en son pouvoir, il pensoit que je ne serois pas assez fou, pour lui refuser cinq cents piastres, c'est-à-dire , cinquante onces de cet or, que je portois ; que si je consentois à les lui donner honnêtement, il me feroit partir dans deux jours pour Sennaar ; mais que si je ne les lui donnois pas , je devois songer que j'étois entre ses mains. Je lui répondis négativement et le quittai aussitôt.

« Le même jour , à onze heures du soir , le vieux Kaya , que je ne voyois jamais que quand il étoit

S 2

chargé de quelque message, vint
me demander du café. Il eut d'a-
bord l'air modéré, il me parla,
comme il le disoit, en ami : mais
quand il fut assis, prenant un tout
autre ton, il blâma hautement ma
manière de me conduire avec le
Chaik. Il releva aussi extrêmement le crédit dont Fidèle jouissoit à Sennaar, tant à cause du
mérite de son père, (1) que parce
qu'il avoit épousé une fille du Chaik
Adelan. Il me dit enfin, qu'il falloit qu'un infidèle comme moi,
eût bien de l'audace, pour avoir
osé parler au Chaik, comme je
l'avois fait ce jour-là. Ma réponse

(1) Le père de Fidèle avoit assassiné
le roi Baady, à l'instigation du fils de ce
monarque.

fut aussi ferme que celle que j'a-
vois adressée à Fidèle lui-même,
et je la terminai, en disant au
Kaya : « Je suis décidé à ne quit-
« ter Teawa que sous la conduite
« d'un homme, qui ne sera ni du
« choix de votre maître, ni du
« vôtre. » — « A ces mots, il se
« leva ; et secouant la partie de
« sa robe qui couvroit sa poitrine,
« il dit qu'il en étoit bien fâché, mais
« qu'il se lavoit les mains de tout
« ce qui pourroit m'arriver. »

« Aussitôt nous fermâmes nos
portes ; et nos armes à feu étant
bien chargées, bien amorcées, nous
résolûmes, mes compagnons et
moi, d'attendre courageusement
l'issue de cette fâcheuse affaire.

FIN DU TOME SEPTIÈME.

www.ingramcontent.com/pod-product-compliance
Lightning Source LLC
Chambersburg PA
CBHW071934090426
42740CB00011B/1699